主动式悬架系统节能鲁棒跟踪控制方法

Energy-Saving Robust Tracking Control for Active Suspension Systems

张梦华　景兴建　马　昕　著

科学出版社

北　京

内 容 简 介

本书共第 1 章为绪论，第 2 章提出带有不确定/未知动态、输入时滞的自适应神经网络跟踪控制方法，第 3 章设计基于有益非线性因素的饱和 PD-SMC 跟踪控制方法，第 4 章为基于有益扰动的切换饱和跟踪控制方法，第 5 章为基于有益状态耦合、扰动、非线性因素的特性节能鲁棒跟踪控制方法，第 6 章为具有不匹配扰动和未知控制方向的饱和周期滑模控制方法的研究，第 7 章为全书总结。

本书可以作为计算机应用、自动控制及工业自动化专业的科研人员以及工程技术人员的参考书。

图书在版编目（CIP）数据

主动式悬架系统节能鲁棒跟踪控制方法 / 张梦华，景兴建，马昕著. — 北京：科学出版社，2024.6. -- ISBN 978-7-03-078730-9

Ⅰ. U463.33

中国国家版本馆CIP数据核字第2024LN3163号

责任编辑：范运年　王楠楠 / 责任校对：王萌萌
责任印制：师艳茹 / 封面设计：陈　敬

科 学 出 版 社 出版
北京东黄城根北街 16 号
邮政编码：100717
http://www.sciencep.com
北京中石油彩色印刷有限责任公司印刷
科学出版社发行　各地新华书店经销
*
2024 年 6 月第　一　版　开本：720 × 1000 1/16
2024 年 6 月第一次印刷　印张：9 1/2
字数：200 000
定价：98.00 元
（如有印装质量问题，我社负责调换）

前　　言

　　汽车的行驶安全性和驾乘舒适性已经成为当今社会关注的热点。车辆的舒适性和机动性与其悬架系统密切相关，设计良好的悬架系统不仅能够使驾驶员在危急情况下保持对车辆的掌控，还提供了高水平的驾乘舒适性以防止驾乘人员身体疲劳。传统的被动式悬架系统或半主动式悬架系统不足以同时改善驾乘舒适性和行驶安全性，特别是在那些极端恶劣的道路条件下。相比之下，主动式悬架系统具有显著提升驾乘舒适性和行驶安全性的实质潜力。基于对汽车悬架系统中的现有技术问题的充分理解，本书集中关注汽车主动式悬架系统中的节能鲁棒跟踪控制器设计的关键问题。本书提出了五种新颖的非线性汽车主动式悬架控制方法，通过调节控制器的设计参数显著提高悬架系统的性能，驾乘舒适性得到改善，同时悬架行程和轮胎动态载荷约束仍然得到满足。

　　为了克服主动式悬架系统中高能耗需求的缺点，通过分析和设计仿生系统中有益的非线性刚度和阻尼特性，提出了一种新的基于仿生动态的动态跟踪控制方法。它充分利用和展示了生物肢体运动动力学系统中的有利的非线性刚度和阻尼特性的优点，实现具有潜在较少能量消耗的先进的非线性悬架性能。在理论分析和实验验证的基础上，作者提出基于仿生的非线性动态参考模型的自适应神经网络跟踪控制方法，并显示了在节能设计中的潜力。结果表明所提出的控制器可以实现经典主动式悬架控制方法的性能改进，同时具有较低的功率需求。

　　值得注意的另一个问题是，实际主动悬架系统中执行器不理想，比如存在饱和。当执行器饱和时，额外的控制力已经不能实现它预期的控制效果，这将导致系统性能的降低。因此，考虑到执行器饱和的影响，提出饱和PD-SMC跟踪控制方法，同时解决了具有参数不确定性和有界外部干扰的主动式悬架系统的控制问题。所设计的控制方法具有以下几个优点：具有PD控制方法的简单结构；具有SMC方法针对模型不确定性和外部干扰的强鲁棒性；不需要传统SMC方法所要求的精确系统参数；充分考虑输入饱和的影响。在所设计的控制方法中，PD 部分用于保证主动式悬架系统的稳定，SMC 部分用于提供强鲁棒性，并引入饱和函数防止控制输入超过约束范围。利用李雅普诺夫方法保证了相应的分析稳定性。所提出的方法的有效性通过应用控制四分之一主动式悬架系统的性能来说明。

值得注意的另外一个问题是实际主动式悬架系统中不可避免的扰动问题，因为它的存在可能使得悬架系统的控制性能变差。本书研究了主动式悬架系统的扰动特性分析方法，提出一种新型的扰动特性量对扰动作用进行分析；从稳态特性和动态特性的角度分别对扰动特性量进行解释，讨论扰动特性量与系统稳态特性之间的关系；基于扰动特性量对耦合作用的利弊性质进行了定义。本书提出的扰动特性量可以动态地反映扰动的特性变化，而且与系统的稳态特性和动态特性关系密切。更为重要的是，该特性量基于经典的李雅普诺夫稳定性理论建立，因此具有与控制器设计相结合的潜力。

主动式悬架的实际物理系统十分复杂，其数学模型中总是存在着各种耦合交联影响作用，同时系统本身具有难以精确刻画的特征并受到各种参数不确定性和外部扰动影响，因此，数学模型常常可以抽象为不确定性多变量耦合系统。第四种控制方法是以此类受到不确定性影响的耦合系统为研究对象，围绕耦合特性与系统稳定性以及控制系统设计的关系，结合针对不确定性的鲁棒增强技术，深入开展相应的耦合特性下不确定性系统鲁棒控制研究，进行了一些探索性的基础理论研究。结合滑模控制，设计耦合特性下的鲁棒耦合控制器，该控制方法将耦合特性引入滑模控制，提升了控制系统的动态特性；结合干扰观测器鲁棒增强技术，提出耦合特性下的鲁棒耦合控制方法，该方法不仅通过耦合特性量的引入实现控制中对耦合的利用，获得更好的动态特性，还利用干扰观测技术对不确定性的精确估计增强了控制系统的鲁棒性。在此基础上，设计了有限时间控制器结构，它可以显著抑制未知扰动的影响，同时保证闭环系统的瞬态性能和稳态精度。其中，所需要的未知外部干扰的扰动补偿器，是由基于滑模算法的有限时间估计器的观念提出的。此外，具有扰动补偿器的闭环系统的总体控制器结构是连续的，这在实际应用中具有明显的优势。通过在一个四分之一主动式悬架实验设备上的实验，成功地验证了有限时间控制器观念的性能。

最后一个关注的方面是非线性系统的控制方向未知问题。为了简单起见，现有结果大多数情况下在控制系统的设计和分析中忽略了控制方向未知的影响，与它们不同的是，本书提出了具有不匹配扰动和未知控制方向的饱和周期滑模控制方法。采用终端滑模扰动观测器来解决数值微分引起的不匹配扰动问题。通过仿生非线性参考模型，充分利用主动式悬架系统的非线性特性，以较少的控制能量潜在地提高了车辆的平顺性。针对控制方向未知问题，构造了周期滑模控制方法。此外，利用饱和函数保证控制输入始终保持在允许范围内。通过严格的数学分析，控制系统是李雅普诺夫稳定的，跟踪误差被驱动到 0。据我们所知，所提出的饱和周期滑模控制方法是第一个考虑节能、不匹配扰动、未知控制方向和控制输入受约束的方法。实验结果验证了所设计控制方法的有效性。

在泰山学者青年专家计划项目(202312212)、国家自然科学基金青年科学基金项目(61903155)、国家自然科学基金面上项目(62273163)、山东省自然科学基金优秀青年基金项目(ZR2023YQ056)、山东省重点研发计划(重大科技创新工程)项目(2022CXGC010503)的资助下，本书针对现有难点问题展开深入研究，提出了一系列节能鲁棒跟踪控制方法，仿真和实验结果检验了所提控制方法的正确性和有效性。

这些方法具有理论研究与工程应用方面的双重意义。在理论研究方面，上述问题均为主动式悬架系统所面临的经典难题，本书成功地提出了行之有效的解决方案，并且所提方法经扩展后有望解决一些非线性系统的控制问题。在工程应用方面，本书考虑的均是主动式悬架系统工作中面临的实际问题，所提方法均简单易行，且其性能都已经得到了充分的实验验证，可方便地应用于实际悬架系统，提升其自动化程度与工作效率，带来良好的经济效益。

张梦华

2024.1.24

目　　录

第1章 绪 论

1.1 研究背景、意义

近年来，道路车辆的行车安全和驾驶性能已经成为研究的热点。据报道，全世界每年在道路交通中死亡的人数达到了惊人的 125 万人，并且导致约 5000 万人受到非致命的伤害。如图 1.1 所示的汽车悬架系统是传递车身与不规则路面之间振动的桥梁，是决定汽车的行驶安全性和机动性能的主要部件。此外，悬架系统还可以为驾乘人员提供高水平的驾乘舒适性以有效地防止身体疲劳，同时使得驾驶员能够在危急情况下保持对车辆的掌控权。众所周知，悬架系统对驾乘汽车的主观感受有显著影响。因此，汽车悬架系统的设计人员仍然需要在这些方面进行进一步的研究，这对于汽车行业、科学研究和工程实践方面来说都是一个挑战。

图 1.1 汽车悬架系统

现有的汽车多采用被动式悬架系统结构(图 1.2)，具有代表性的有钢板弹簧悬架和较为先进的油气悬架等。其中钢板弹簧悬架的刚度和阻尼无法随车辆状态和行驶条件做出调整，使汽车在崎岖、坎坷、泥泞等非结构化路面上的行驶性能较差。油气悬架具有变刚度特性，其相比钢板弹簧悬架具有更好的性能。但油气悬架的刚度特性主要取决于蓄能器的体积和预充气压力，这些参数在车辆行驶过程中均无法改变，因此会存在悬架刚度调节范围有限、蓄能器参数与负载或复杂路面条件不匹配的情况，限制了汽车行驶性能的提高，甚至有可能加剧损害的程度。主动式悬架系统可根据路面信息和传感器获取的车辆状态向作动器输入外部能量，主动地抵消路面冲击的作用，以减轻车体的振动，提高车辆在复杂路面条件下行驶时的机动性、平顺性和操纵稳定性。相比被动式悬架系统，主动式悬架系统更能满足汽车的性能要求。而控制策略的优劣直接决定了主动式悬架系统的性能，因此有必要针对主动式悬架系统探索有效的控制方法。

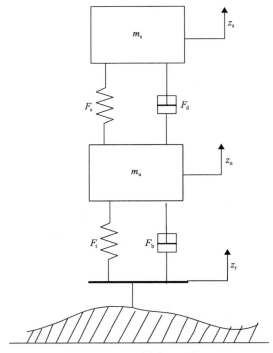

图 1.2 被动式悬架系统结构

m_s 和 m_u 分别为簧上和簧下质量；F_s 和 F_d 分别为悬架部件的弹簧力和阻尼力；F_t 和 F_b 分别为轮胎的弹力和阻尼力；z_s 和 z_u 分别为簧上和簧下竖直位移；z_r 为道路位移

主动式悬架虽然有很多的优势，但是现阶段在汽车领域中并未得到广泛的应用，这是由于实际的主动式悬架系统大都呈现出固有的非线性、不确定性、耦合、强干扰及许多复杂的其他特性，对其控制器的设计提出更多挑战。此外，能量是驱动执行器的重要元素，节能控制具有重要的实际意义，但是一些现有控制方法会导致额外的能量消耗,如主动式悬架系统中执行器能量消耗的一个重要方面是用于消除由悬架组件中的固有非线性传递的振动能量来改善驾乘舒适性,这会导致消耗额外的能量。由于非线性在系统中总是存在的,因此如何在振动控制中采用有益的非线性将与工程实践高度相关,对于主动式悬架系统,是否可以利用系统中有利的非线性并且在较少的能量消耗下达到控制目的? 生物系统给科学研究提供了有效的启发,它们可以在较少的能耗下完成较为复杂的运动控制行为。若能基于仿生学的方法,无须设计额外的装置,通过软途径在保证悬架控制性能的同时降低能量消耗,达到绿色节能的目标将是一项有意义的研究。多变量复杂系统中耦合的作用不仅仅体现为其交互影响的幅度,而且耦合还对系统的稳定性以及动态性能产生影响,即耦合特性。同理,合理利用扰动信息,可提高系统的跟踪性能,而现有控制方法往往将模型耦合以及扰动直接消除,而并不尝试以一种有利的方式使用这些耦合、扰动作用。因此,为获得更好的动态性能、跟踪性能,如何以耦合、扰动使用为目的进行耦合、扰动分析研究,仍是一个急需研究的方向。

1.2 主动式悬架系统研究现状

在本节中,基于线性和非线性悬架系统的分类,综述多年来用于汽车主动式悬架系统实施和设计的众多控制策略。根据线性系统的经典定义,可以知道,如果输入和输出彼此成正比,那么称系统是线性的。对于被动式悬架组件而言,当忽略非线性因素时,弹簧和阻尼器可以分别在一定范围内相对于它们的位移和速度保持线性特性。此外,线性电机可以作为主动式悬架系统执行器,来保证悬架系统的线性。但是,如果输出与输入不成正比,那么系统是非线性的。大多数系统本质上具有固有的非线性属性,主动式悬架系统当然也不例外。悬架系统中,被动式悬架组件总是设计为非线性的形式,以满足工程中所考虑的各个方面的需要,并且保证理论研究与实际应用紧密相关。例如,阀的打开、可变黏度的智能流体和工程操作过程本质上都是非线性的,它们形成了连续可控可变阻尼的动态特性。在某些条件下,动态过程可以在线性化的模型中保持有效。然而,在极端速度下将会观察到一些不可预测的结果[1]。由混沌理论可知,非线性系统输出的复杂和不可预测的效果可能是其输入的微小变化所引起的，这就需要更为复杂的控制器来控制系统本身。

因此，以下两部分分别介绍主动式悬架系统的线性控制方法和非线性控制方法。

1.2.1　主动式悬架系统线性控制方法

1. 线性最优控制方法

线性最优控制以最优控制理论为依据，将主动式悬架系统的动态控制转化为优化问题。控制器在设计时首先将主动式悬架系统的线性动力学模型转化为状态空间表达形式，然后以提高车辆的驾乘舒适性、操纵稳定性和降低输入能量为目标，设计相应的加权系数得到加权二次型样式的性能目标函数，最后根据最优控制理论求解能使主动式悬架系统性能目标达到最优的控制律。主动式悬架系统中最常见的两种线性最优控制方法是线性二次型调节器（LQR）和线性二次高斯型控制器（LQGC）。Thompson[2]最先将全状态反馈的 LQGC 用于主动式悬架系统中，但并没有考虑系统的约束要求。王雅璇等[3]提出一种改进人工蜂群算法对 LQR 的权重系数进行优化。针对标准人工蜂群算法存在的收敛速度慢、易陷入局部最优的缺点，在跟随蜂阶段引入三种解搜索策略，并对选择策略进行调整，从而更好地平衡所提出算法的全局搜索能力和局部搜索能力。金耀等[4]在传统 LQR 的基础上串联了一个仿生内分泌智能控制器，仿真结果表明该复合 LQR 的减振效果优于传统 LQR。对于线性最优控制器来说，其设计难点在于目标函数所包含的加权系数的选择。加权系数对控制结果的影响很大，权重值越大，意味着该性能在目标函数中越重要。然而，目前主动式悬架线性最优控制器中的加权系数往往是根据人为经验或试凑法选取的，缺乏明确的理论指导[5]。

2. 最优预瞄控制方法

最优预瞄控制是一种可以预知不确定路面激励信息，并根据路面的实际状况及时调整控制器参数的最优控制方法，一般分为轴距预瞄和车前预瞄两种。轴距预瞄根据车辆前轮通过不平路面时的响应情况和悬架系统动力学预测前轮路面输入，然后将其作为前馈信息对后悬架系统提前实施控制。车前预瞄通常利用感知传感器对车辆前方的道路信息进行实时测量，接着依据此信息指导车辆前后主动式悬架系统的作动器执行相应的动作，从而提高车辆的行驶性能。

杨国等[6]提出一种预瞄主动式悬架控制方法。该方法使用轮胎弹性滚子接触模型和天棚阻尼滤波模型将预瞄路面的不平度信号转化为车身的运动量信号，分别针对车身的垂向运动、俯仰运动和侧倾运动设计滑模自抗扰控制器，并将车身的运动量信号用于滑模控制律设计，从而抵消车身的振动，提升车辆的行驶平顺性。庄德军等[7]基于帕德（Pade）近似算法所获取的车辆前后轮之间的路面预测信息，利用最优控制理论来求解主动式悬架系统的作动器控制力。Sun 等[8]假设车辆前方的路面信息可以被提前感知，在此基础上针对二自由度主动式悬架系统模型设计了一种考虑积分约束的最优预瞄控制器。Marzbanrad 等[9, 10]基于车前预测信息和轴距预瞄信息，先后针对半车模型和整车模型设计了最优预瞄控制器。仿真结果表明，所提出的控制方法可以有效改善主动式悬架系统的性能并减少系统的能量消耗，同时得出增加预瞄时间有助于提高预瞄控制器控制效果的结论。

3. 鲁棒控制方法

鲁棒控制是为了降低控制系统中存在的不确定因素影响而提出的。它的设计原则是对从干扰输入到控制输出的闭环传递函数 H_∞ 或 H_2 范数进行优化，求取能够提高系统输出性能的控制增益，同时保证系统的闭环稳定性。

吉林大学的陈虹教授将主动式悬架系统的多项时域约束考虑在内构建了一种约束 H_∞ 控制器，成功将状态反馈控制律的求解问题转化为线性矩阵不等式的优化问题，实现了主动式悬架系统的多目标综合控制[11]。清华大学的李克强教授在车辆多自由度模型的基础上研究了主动式悬架系统的鲁棒控制问题，所设计的 H_∞ 四自由度控制器可以较好地提高车辆的驾乘舒适性[12]。Li 等[13]基于轴距预瞄信息提出了一种 H_∞ 和 H_2 范数相结合的混合鲁棒控制策略，并通过线性矩阵不等式迭代和圆锥互补线性化算法求解主动式悬架系统的控制输入。Fu 和 Dong[14]、Chen 等[15]提出了一种有限频域 H_∞ 控制方法，极大地改善了人体敏感频率范围内（$4 \sim 8\text{Hz}$）的驾乘舒适性。上述研究表明，H_∞ 控制在主动式悬架系统的多目标鲁棒控制方面具有很大的优势。

然而，以上三种控制方法均是基于主动式悬架系统的线性简化模型设计的，无法处理悬架系统中的众多非线性环节。而且线性最优控制方法和最优预瞄控制方法在设计时假设主动式悬架系统为确定的时不变系统，若实际系统中的参数变化、模型误差或外界干扰等不确定扰动超过某一界限，控制系统可能会变得不稳定，影响车辆的安全行驶。鲁棒控制虽然可以应对主动式悬架系统中存在的部分不确定扰动因素,但控制器在设计时需要找到系统的不确定性变化范围,并在最坏的情况下进行设计[16]。一方面,如何确定系统的不确定性变化范围是一个值得探讨的问题;另一方面,基于最坏扰动情况所设计的控制器具有很大的保守性,所得到的控制律并不能保证系统性能时时达到最优。

1.2.2 主动式悬架系统非线性控制方法

主动式悬架系统中包含大量的非线性环节和不确定因素。具体地,主动式悬架系统的非线性主要表现为弹簧和阻尼元件的非线性特性,悬架系统的结构非线性,悬架系统与转向、制动等底盘子系统之间的耦合非线性等;不确定性主要表现为车身重量、减振器阻尼系数和弹簧刚度系数等参数的不确定性,模型误差和未建模动态等引起的模型不确定性,不确定外界干扰和测量噪声等。这些因素导致基于确定性的线性模型所设计的控制器在实际应用时难以达到预期的控制效果,甚至会出现控制系统不稳定的现象。因此,近年来研究者相继将不同的非线性鲁棒控制理论用于主动式悬架系统控制器设计当中,主要有自适应控制、反步控制、滑模控制和自抗扰控制等。在许多现有技术中,执行器能量消耗中一个重要的方面是用于消除由悬架组件中的固有非线性传递的振动能量,进而改善驾乘舒适性。与这些方法不同的是,本书受到生物系统的肢体运动动力学启发,所提出的方法充分利用了悬架系统中固有的有利的非线性刚度和阻尼特性来实现具有潜在较少能量消耗的仿生非线性悬架系统性质。所需的仿生非线性动态的稳定性分析在李雅普诺夫(Lyapunov)的框架内进行。理论分析和实验结果显示了在考虑使用相同的不规则激励路面、基本控制方法和相似的驾乘舒适性的条件下,所提出的基于仿生非线性动态的控制器对主动式悬架系统中的能量消耗量具有显著影响。

1. 自适应控制方法

自适应控制技术通过实时调整控制器的结构、控制律和设计参数来适应被控系统中的参数摄动或内部动态变化行为,从而使系统性能时刻靠近最优,一般分为自校正控制和模型参考自适应控制两种控制策略。面对主动式悬架系统中的众多时变参数,自适应控制方法具有明显的优势。

喻凡、Muhammed 设计了一种基于最小二乘估计和卡尔曼(Kalman)最优估计的自校正控制器,并研究了其对主动式悬架系统参数变化和路面干扰的适应能力[17, 18]。Sunwoo 和 Cheok[19]将天棚阻尼模型作为参考模型,提出了一种主动式悬架系统模型参考自适应控制方法,显著提高了车辆的驾乘舒适性。然而,上述自适应控制方法仍建立在线性主动式悬架系统模型的基础上。进一步地,Cui 等[20]、Liu 和 Pan[21]将作动器饱和、故障现象考虑在内研究了非线性、不确定主动式悬架系统的振动控制问题,所设计的自适应鲁棒控制器不仅可以提高车辆在路面干扰和参数摄动情况下的行驶平顺性,还能确保整个闭环系统的稳定性。Deshpande 等[22]和 Hua 等[23]通过构建新型的自适应控制律来解决非线性主动式悬架系统的多目标控制及鲁棒控制问题,仿真结果表明所提出的自适应控制策略具有显著的优越性。

2. 反步控制方法

反步(backstepping)控制利用回归设计思想和李雅普诺夫稳定性理论,通过反向递推的方法开发控制器。反步控制在控制律构建的过程中,可以完全消除系统中的有益非线性环节,而不必通过近似线性化的方法来消除;同时,它提供了系统化的方法来构建李雅普诺夫候选函数并合成控制律,基于李雅普诺夫候选函数所设计的控制器可以很容易保证控制系统的闭环稳定性。

Zheng 等[24]给出了整车七自由度非线性主动式悬架系统的反步控制器设计步骤,时域和频域仿真表明了所提出的控制器可以显著提高车辆的驾乘舒适性。Lin 和 Huang[25]设计了一种带有两个非线性滤波器的反步控制器,该控制器旨在协调车辆驾乘舒适性和悬架行程之间的内在冲突。另外,反步控制常与自适应控制联合使用以提高主动式悬架控制器的鲁棒性。Pang 等[26]开发了一种新型的自适应反步跟踪控制器,即便在参数摄动情况下该控制器仍然可以使主动式悬架系统于有限时间内到达预先设定的参考轨迹,极大地提高了车辆的行驶平顺性和操纵稳定性。为了实现非线性不确定主动式悬架系统的多目标控制,Sun 等[27]提出了一种约束自适应反步控制策略,控制律推导过程中通过构建障碍-李雅普诺夫(barrier-Lyapunov)函数而不是传统的二次型-李雅普诺夫(quadratic-Lyapunov)函数,有效降低了控制器设计的保守性。

3. 滑模控制方法

滑模控制又称作滑模变结构控制，它的控制结构可以随系统状态不断发生变化，从而使系统按照预先设定的"滑动模态"轨迹进行运动。滑模控制作用下被控系统的特性只与滑模面有关而与系统参数和外界扰动无关，因此具有对模型不确定性和外部干扰不敏感、无须辨识系统的优点。

近年来，滑模控制被广泛用于车辆的主动式悬架系统当中。Chen 和 Huang[28]针对 1/4 非线性不确定主动式悬架系统模型提出了一种自适应滑模控制策略，同时利用函数近似法解决了不确定性界限无法确定时系统的鲁棒控制问题。Li 等[29]和 Nguyen[30]将滑模控制理论和模糊控制理论相结合，构建了新型的模糊滑模混合控制器，较好地降低了主动式悬架系统中非线性和模型不确定性带来的影响。Wang 等[31]以及 Deshpande 等[32]探索了基于干扰观测器的滑模控制方法，仿真和台架试验表明所设计的控制器可以有效提高车辆的行驶平顺性，同时满足悬架系统的约束要求，且具有较强的鲁棒性。

但传统的滑模控制方法在逼近滑模面时常采用切换控制的原则，所得到的控制律往往是不连续的，这使得滑模控制器在实际应用时往往会引发系统的抖颤现象，同时还具有奇异性，对系统的稳态控制造成了严重威胁。因此，避免抖颤现象和奇异性成了目前滑模控制理论研究的热点和难点问题。Nguyen 等[33]采用基于递归导数的高阶终端滑模控制方法，有效解决了主动式悬架系统控制中的奇异问题。Pan 等[34]提出了一种新型的二阶滑模控制算法，通过选用分数阶滑模面的方法一方面避免了控制中的奇异点，另一方面弱化了开关控制律的影响，避免了主动式悬架系统的抖动现象。

4. 自抗扰控制方法

自抗扰控制是由韩京清研究员提出的一种不依赖于被控对象精确模型的新型鲁棒控制技术，其具有较强的实用性和抗干扰能力，目前已在电力控制、化工过程、飞行器和导弹控制等方面取得了显著的控制效果[35]。自抗扰控制方法将被控系统中的所有不确定性均视作总体干扰（又称作扩张状态），仅利用系统的输入输出信息构建扩张状态观测器（extended state observer，ESO），实时估计系统的不可测状态和总体干扰；接着利用误差补偿的思想设计反馈控制律，对系统的总体扰动进行有效消除，最终获得令人满意的控制性能。

近年来,自抗扰技术在主动式悬架系统控制方面的应用吸引了大量研究者的兴趣。吉林大学的杜苗苗[36]和黄俊明等[37]将悬架动行程视作系统输出,基于 1/4 主动式悬架系统的降阶模型构建了线性 ESO,并进一步设计了合适的补偿控制律,有效提高了车辆的驾乘舒适性。Pan 等[38]利用自抗扰控制思想开发了一种基于线性 ESO 的跟踪控制器,通过跟踪系统的理想参考轨迹显著改善了 1/4 主动式悬架系统的振动性能。Nguyen 等[33]在设计主动式悬架系统高阶终端滑模控制器的过程中也利用了线性 ESO 的优点。

自抗扰控制技术的提出者韩京清研究员指出,设计合适的非线性 ESO 可以获得比线性 ESO 更好的性能。郭宝珠和赵志良等学者在这方面做了深入的理论研究[39-43],仿真结果表明所提出的非线性 ESO 相比线性 ESO 具有更小的观测误差峰值和更高的观测精度。吉林大学的王凯[44]、董绪斌[45]和北京化工大学的李亦超[46]等尝试针对整车线性主动式悬架系统模型设计基于非线性 ESO 的自抗扰控制器,均取得了令人满意的控制效果。Lu 等[47]将非线性自抗扰控制器用于整车七自由度多体动力学模型当中,面对主动式悬架系统的非线性、不确定性和路面扰动等因素,所设计的控制器表现出了良好的性能。对于被控系统来说,任何控制器设计都必须保证系统的闭环稳定性,否则所设计的控制器就没有任何意义。目前已提出的基于非线性 ESO 的主动式悬架自抗扰控制器大部分仅给出了控制器的结构形式,并未对观测器的收敛性和闭环系统的稳定性进行证明,设计过程不够完整。Yagiz 和 Sakman[48]针对全车悬架系统提出一种鲁棒滑模控制方法,解决了悬架间隙损失的问题。

为了提升驾乘人员的舒适性和汽车抓地能力,主动式悬架需要消耗大量的能量,这在实际实施中可能面临成本限制。如前所述,对于主动式悬架系统,是否可以利用悬架组件中有利的非线性并且在较少的能量消耗下改善驾乘舒适性?为了解决这一问题,本书作者所在的课题组设计了更通用的基于仿生 X 型结构的悬架控制方法,该方法通过适当地利用有利的非线性在消耗较少能量的同时,保证非线性系统的性能。

5. 基于仿生 X 型结构的悬架控制方法

仿生方法已被广泛用于工程实际和理论分析中,如机械结构设计、机器人运动学等[49-51]。最近,受生物肢体运动启发的仿生肢状非线性结构已成功用于一些实际的工程系统中，如准零刚度隔振器[52]、新型被动仿生悬架履带式移动机器[53]等。此仿生肢状结构的特殊几何非线性会产生非常有益的等效非线性刚度和阻尼。现有研究已经证明，此仿生模型始终可以提供非常出色的准零刚度特性，具有高负载、低固有频率和宽隔振范围的优点[49-51]。与传统线性被动隔振系统相比，它可以实现更好的隔振性能。Pan 等[54]通过采用仿生动态系统作为一个参考模型来使用有益非线性特性，解决在主动式悬架控制中的能量消耗问题。通过分析和设计仿生动态结构参数，得到的有益非线性动态模型被认为是用于主动跟踪控制的非线性悬架系统的参考模型，来实现先进的隔振性能。与标准自适应控制方法相比，仿生跟踪控制具有更低的能量消耗。在此基础上，Li 等[55]和本书作者张梦华等[56-61]设计了新型的非线性动态阻尼，并将其集成到仿生非线性参考模型中。该非线性阻尼可以在抑制共振峰的同时不降低高频隔振性能，进而改善仿生结构的动态特性。此外，采用了更一般的多层结构仿生非线性动力学模型并专门设计了有益的非线性阻尼，与文献[54]中模型相比，所设计的仿生非线性参考模型具有更缓和的非线性响应，因此可以进一步增强隔振性能。所提出的仿生非线性参考模型阻尼设计方法对于非线性刚度和阻尼设计都具有更普遍的意义。上述基于仿生非线性参考模型的主动控制的一个重要特征是尝试采用和修改存在于汽车悬架系统中的固有非线性特性，使得它们配置成有益于振动隔离的性能。这就保证了所提出的主动控制方法的节能性质，并且体现出了具有绿色或可持续特征的鲁棒控制器设计的新颖观点。

1.3　本书研究范围

为了提高汽车悬架系统的性能，同时考虑实际工程的要求，本书提出了几种非线性控制方法。所提的非线性控制是指用于改善驾乘舒适性以及降低能耗的非线性控制策略，并且保证系统关于驾驶安全性和悬架扰度的被控状态是非临界运行的。这些优势源于执行器部件提供的灵活性。因此，基于所采用的非线性控制律，主动式悬架系统可以提供优异的效果。重要的是，所设计的控制系统的性能潜力可以通过路面激励来测试。基于这个方面，本书致力于非线性控制技术的研究。

1.3.1 主动式悬架系统的控制目标

车轮组件主要为车轮垂直运动提供了必要的支持。这样，车轮的运动在一定程度上反映了不平坦路面的路线轨迹。汽车悬架系统的基本功能是将车身与车轮相互连接。因此，它可以沿着驱动方向承载车身并且在水平面中传递力。悬架系统通过使用弹簧和阻尼元件，可以减少车身的运动，并确保了驾驶的安全性和舒适性。此外，汽车悬架系统通过它的几何形状、弹簧刚度和阻尼来影响车轮相对于路面的位置。这就允许使用系统化的方法来对车辆的动态驾驶特性产生影响。而传统的悬架动态特性的调整需要折中，因为良好的驾驶行为和高驾乘舒适性要求彼此之间是不一致的。因此，在设计悬架系统的控制律时，通常需要考虑以下几个方面。

(1) 驾乘舒适性：众所周知，驾乘舒适性是车辆的重要性能，它通常由在垂直方向上的车身加速度来评估。因此，在控制器设计中，主要目标之一是使得垂向加速度尽可能小。

(2) 行驶安全性：为了确保车轮与公路的连续不间断的接触，轮胎的动态载荷不应超过它的静态载荷。

(3) 最大悬架挠度：由于机械结构的约束，必须考虑允许的最大悬架行程以防止行程过大而触及悬架底部，这可能导致驾乘舒适性的恶化甚至损坏系统结构。

(4) 执行器的非线性影响：考虑到实际应用中的执行机构，悬架系统的主动执行器可能受到非线性的影响，如饱和、死区、磁滞和失效非线性。

因此，这些非线性的影响也应该考虑在控制器的设计中。

不难发现，对于驾乘人员的主观感受而言，悬架系统的控制目标中驾乘舒适性和汽车的可操控感是相互矛盾的，这是因为在提升驾乘舒适性时，汽车的可操控感是降低的。但是可操控感并不影响汽车的性能，因此，在不考虑汽车的可操控感的情况下，上述目标中的后三个实际上是约束条件，而只有第一个是需要最小化的。换句话说，设计悬架系统控制策略是最小化车身垂向加速度，并同时满足其他三个目标的要求。在以下各章节中，所提出的非线性控制方法都是基于上述给出的悬架系统控制性能指标。

1.3.2 主动式悬架系统难点问题

本节着重介绍本书中要研究的悬架系统的难点问题，为将要开展的基于有限时间控制、仿生控制和自适应控制的非线性悬架系统做好铺垫。这些新的控制方法结合悬架系统中有待解决的工程问题，如节能控制问题、非理想执行器问题、执行器容错问题，来进一步提升悬架动态系统性能。总的来说，本书所研究的控制问题可概括如下。

有限时间控制问题。为了通过基于现代反馈的控制方法提高悬架的性能，希望建立一种具有所需要性能的简单并且有效的控制策略。分析主动式悬架系统中的现有控制方法，发现它们中的大多数可以确保渐近稳定性或者鲁棒稳定性。值得一提的是，尽管这些控制方法已经得到了很好的研究，但是渐近收敛速度的效果在许多具有外部扰动的实际应用的情况下并不十分理想。因此，如何针对悬架系统的外部扰动设计有限时间控制器，提高悬架系统的抗干扰能力，进而提高驾乘舒适性，是在理论研究和实际应用中的一个紧迫需要解决的问题。

节能控制问题。在主动式悬架系统中，考虑到成本问题，它的一个显著的缺点是它对能量的需求，因此主动控制在实际实施中可能面临着限制。从现有文献结果中可知，汽车悬架系统总是具有非线性特性的，并且大多数现有方法仅是通过完全消除非线性来实现良好的悬架性能。这可能会导致主动式悬架系统中不必要的能量消耗。从某种程度上说，非线性系统在实际的实现中可以具有更好的系统性能。可以提出一个非常有趣的问题：主动式悬架系统是否可以利用悬架组件中的有利非线性特性，并且在较少的能量消耗下提升驾乘人员的驾乘舒适性？

不确定性和非理想执行器控制问题。值得注意的是，难以建立精确的主动式悬架系统数学模型，因为参数不确定性和外部扰动总是存在于实际的情况中。参数不确定性，或者更具体地，指的是不确定的簧上质量，它随着载荷条件的变化而变化，例如，乘客的数量和有效载荷的未知质量，以及随着实际应用中的环境(如疲劳、磨损和老化)而变化的不确定的悬架组件参数。如果这些不确定性/扰动因素在控制方法设计过程中没有被考虑，这就可能会导致悬架系统的性能下降，甚至导致控制系统的不稳定性。此外，执行器是用于实现汽车悬架系统期望控制目标的关键部分。然而，非理想的执行器性能，如死区和磁滞非线性，广泛存在于实际的执行器和机械连接中。如果忽略这些非理想执行器中的非线性因素，那么在存在执行器非线性的情况下，控制方法的性能可能遭受严重降级。因此，设计一个用于具有非理想执行器的不确定悬架系统控制策略是一个非常有实际意义的课题。

执行器饱和约束控制。由于执行器受到物理幅值约束的限制，并不是每个所需的控制输入都可以理想地产生，因此，控制器饱和问题应该在控制器设计过程中得到考虑，以使得所设计的控制律在实践中更加实用。在许多工程应用中，可以在轻度的执行器饱和下评估控制系统的可靠性，并且得到可接受的系统性能，在这种情况下可以忽略执行器饱和的影响。然而，这种不期望的执行器饱和现象可能会降低闭环系统性能，并且这些现象给用于具有不确定性的非线性系统的控制器设计带来巨大挑战。如前所述，主动式悬架系统实际表现为具有不确定性的非线性系统，因为乘客数量或有效载荷会变化。因此，有必要关注一类具有不确定性的非线性系统的饱和约束控制问题，即在具有执行器饱和、不确定性和外部扰动的情况下，可以实现期望的系统性能。

未知控制方向问题。实际控制系统中往往存在控制方向未知的问题。其中一个主要的原因是执行器饱和、死区、延迟导致的强非线性特性；另一个主要原因是执行器故障，如执行器卡死或者完全失效。当主动式悬架系统的控制方向未知时，系统变得更难控制。

第2章 带有不确定/未知动态、输入时滞的
自适应神经网络跟踪控制方法

2.1 引 言

为了保证平顺性和可操纵性，主动式悬架系统通常需要消耗大量的能量。因此，针对悬架系统的节能控制还有待深入研究。众所周知，车辆悬架系统存在固有的非线性因素，几乎所有现有的控制方法都是直接消除非线性动态响应来获得满意的振动抑制性能，但可能会造成过多的能量消耗[62, 63]。据报道，相比线性系统，合理利用有益的非线性因素可实现更好的悬架性能并降低能源成本[64]。因此，为了降低不必要的能源消耗，在车辆振动抑制控制中引入有益的非线性是非常必要的。

值得注意的是，基于仿生的方法在机器人领域得到了广泛的应用，如机械结构的设计和控制器的开发[65, 66]。受动物腿的启发，一种仿生的 X 型结构已成功应用于实际，如非线性隔振器[65, 67]。研究表明，该仿生动力学模型具有良好的准零刚度特性，具有车辆振动抑制的高承载能力、低固有频率以及宽频率范围的特性[65, 67]。通过将仿生非线性模型中的有益非线性因素引入到所设计的控制器中，可实现优越的振动抑制性能并消耗更少的能量。文献[54]针对仿生非线性参考模型做了初步的工作，针对系统存在未知参数以及节能要求问题，研究设计了一种自适应跟踪控制器。虽然文献[54]只考虑了仿生非线性参考模型中非线性刚度特性的最简单情况（单层），且不考虑任何阻尼效应，但这一结果为此类节能非线性控制课题提供了一种很有效的解决方法。采用的仿生模型只有一层，没有考虑非线性阻尼的影响，可能会导致主动式悬架系统的共振峰值较高。

根据上述分析，目前还没有主动式悬架控制方法可以同时处理几个关键问题，包括输入时滞、不确定/未知动力学、能源效率和振动抑制。针对这一问题，本书提出了一种基于仿生非线性参考模型的自适应神经网络跟踪控制方法，在存在输入时滞效应和不确定/未知动力学的情况下，消耗更少的控制能量，同时

获得更好的平顺性和车辆操纵性能。实验结果验证了所设计控制器的有效性以及节能效果。与现有的主动式悬架系统控制方法相比，本章的主要贡献总结如下。

（1）在自适应神经网络控制器中设计了一种新颖的输入时滞补偿机制，使控制输入不再受实际时滞的影响。

（2）主动式悬架系统的参数不确定/未知会严重影响系统的控制性能，甚至导致系统失稳。所设计的控制器不需要任何精确的模型知识，这在实际应用中具有非常重要的意义。

（3）通过利用主动式悬架系统的固有非线性特性，以及引入有益的仿生非线性刚度和阻尼特性，显著提高了悬架系统的控制性能；与此同时，消耗的能源更少。据我们所知，这是第一次通过实验的方式验证通过利用有益的非线性动力学，可使得主动式悬架系统在保证优异的悬架性能的情况下，控制的能源成本比传统控制方法节省 44% 以上。

2.2　主　要　结　果

在本节中，将设计一种基于仿生非线性动态的自适应神经网络跟踪控制方法，且给出严格的理论分析，并通过分析实验结果对其正确性与有效性加以验证。

2.2.1　四分之一主动式悬架系统模型及问题描述

考虑输入时滞的四分之一主动式悬架系统的原理图见图 2.1，动力学模型可描述为

$$m_{\mathrm{s}}\ddot{z}_{\mathrm{s}} = -F_{\mathrm{s}}\left(z_{\mathrm{s}}, z_{\mathrm{u}}\right) - F_{\mathrm{d}}\left(\dot{z}_{\mathrm{s}}, \dot{z}_{\mathrm{u}}\right) + u(t-\tau) \tag{2.1}$$

$$m_{\mathrm{u}}\ddot{z}_{\mathrm{u}} = F_{\mathrm{s}}\left(z_{\mathrm{s}}, z_{\mathrm{u}}\right) + F_{\mathrm{d}}\left(\dot{z}_{\mathrm{s}}, \dot{z}_{\mathrm{u}}\right) - F_{\mathrm{t}}\left(z_{\mathrm{u}}, z_{\mathrm{r}}\right) - F_{\mathrm{b}}\left(\dot{z}_{\mathrm{u}}, \dot{z}_{\mathrm{r}}\right) - u(t-\tau) \tag{2.2}$$

其中，m_{s} 为簧上质量；z_{s} 为簧上质量位移；z_{u} 为簧下质量位移；z_{r} 为路面位移；F_{s} 和 F_{d} 分别为悬架的弹簧力和阻尼力；F_{t} 和 F_{b} 分别为轮胎的弹簧力和阻尼力；τ 为时滞；u 为控制输入。

本章的主要目标是设计一种具有理想非线性准零刚度的仿生非线性参考模型来抑制振动并达到节能效果，然后设计一种自适应神经网络跟踪控制器使悬架行程跟踪上仿生动力学模型。为此，将式（2.1）和式（2.2）整理，可得

$$\ddot{z}_s - \ddot{z}_u = -\frac{m_u + m_s}{m_s m_u}\Big[F_s(z_s, z_u) + F_d(\dot{z}_s, \dot{z}_u)\Big] + \frac{1}{m_u}\Big[F_t(z_u, z_r) + F_b(\dot{z}_u, \dot{z}_r)\Big]$$

$$+ \frac{m_u + m_s}{m_s m_u} u(t - \tau) \tag{2.3}$$

$$= -m\Big[F_s(z_s, z_u) + F_d(\dot{z}_s, \dot{z}_u)\Big] + \frac{1}{m_u}\Big[F_t(z_u, z_r) + F_b(\dot{z}_u, \dot{z}_r)\Big]$$

$$+ mu(t - \tau)$$

其中，$m = \dfrac{m_u + m_s}{m_s m_u}$ 为引入的辅助函数。

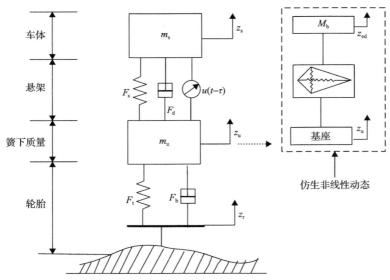

图 2.1　四分之一主动式悬架系统原理图

为促进接下来控制器的设计，定义悬架行程 z_e 为

$$z_e = z_s - z_u \tag{2.4}$$

为评估主动式悬架系统的控制性能，引入车体加速度 $\ddot{z}_s$ 和控制能耗的均方根（RMS）作为评价指标，具体表达式如下：

$$\mathrm{RMS}(\ddot{z}_s) = \sqrt{\frac{1}{T}\int_0^T \ddot{z}_s^2 \, \mathrm{d}t}, \quad \mathrm{RMS}(P) = \sqrt{\frac{1}{T}\int_0^T \big(P_+(t)\big)^2 \, \mathrm{d}t} \tag{2.5}$$

其中，T 为实验时间；辅助函数 $P_+(t)$ 的数学表达式为

$$P_+(t) = \begin{cases} u(t-\tau)\dot{z}_e, & u(t-\tau)\dot{z}_e > 0 \\ 0, & u(t-\tau)\dot{z}_e \leqslant 0 \end{cases} \tag{2.6}$$

2.2.2　仿生非线性动态模型的建立

图 2.2 所示为由弹簧、旋转关节、连杆组成的多层仿生结构。在图 2.2(a)中，给出了丹顶鹤及其 X 型腿。如文献[65]～[67]所述，X 型结构具有抑制振动的潜力。图 2.2(b)为仿生非线性参考模型的机械原理图。在图 2.2(b)中，隔振对象的质量为 M_b，连杆长度为 L_1 及 L_2，水平方向的初始角度为 θ_1以及 θ_2。图 2.2(c)给出了相应的变形分析示意图，其中，x_1 以及 x_2 表示连杆的水平位移，ϕ_1 和 ϕ_2 表示连杆的旋转角度，z_{ed} 代表隔振对象与基座的相对位移，y 指的是隔振对象的相对运动，可计算为

$$y = z_{ed} + z_u \tag{2.7}$$

(a) 丹顶鹤及其X型腿

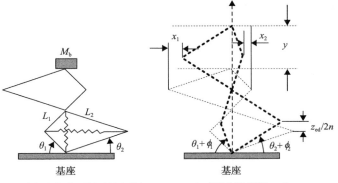

(b) 仿生非线性参考模型的机械原理图　　(c) 变形分析(层数n=2)

图 2.2　由弹簧、旋转关节、连杆组成的多层仿生结构

由图 2.2(c)不难得到 x_1、x_2、ϕ_1、ϕ_2 的详细表达式为

$$x_1 = L_1 \cos\theta_1 - \sqrt{L_1^2 - \left(L_1 \sin\theta_1 + \frac{z_{\text{ed}}}{2n}\right)^2}$$

$$x_2 = L_2 \cos\theta_2 - \sqrt{L_2^2 - \left(L_2 \sin\theta_2 + \frac{z_{\text{ed}}}{2n}\right)^2}$$

$$\phi_1 = \arcsin\left(\frac{L_1 \sin\theta_1 + \dfrac{z_{\text{ed}}}{2n}}{L_1}\right) - \theta_1 \tag{2.8}$$

$$\phi_2 = \arcsin\left(\frac{L_2 \sin\theta_2 + \dfrac{z_{\text{ed}}}{2n}}{L_2}\right) - \theta_2$$

其中，$n = 2$ 表示层数。

紧接着，水平运动 x 和旋转运动 ϕ 的表达式可计算如下：

$$x = x_1 + x_2, \quad \phi = \phi_1 + \phi_2 \tag{2.9}$$

仿生非线性参考模型的动能可计算为

$$K = \frac{1}{2} M_{\text{b}} \dot{y}^2 \tag{2.10}$$

仿生非线性参考模型的势能为

$$P = \frac{1}{2} k_{\text{h}} x^2 + \frac{1}{2} k_{\text{v}} \left(\frac{z_{\text{ed}}}{n}\right)^2 \tag{2.11}$$

其中，k_{h} 和 k_{v} 分别为水平和竖直方向的弹簧刚度。

选择如下形式的拉格朗日算子：

$$L = K - P \tag{2.12}$$

其中，K 和 P 分别为仿生非线性参考模型的动能和势能。

拉格朗日方程可写为

$$\frac{\mathrm{d}}{\mathrm{d}t}\left(\frac{\partial L}{\partial \dot{y}}\right)-\frac{\partial L}{\partial y}=-\mu_1 \dot{z}_{\mathrm{ed}}-\mu_2 n_{\mathrm{x}}\dot{\phi}\frac{\partial \phi}{\partial y} \tag{2.13}$$

其中，μ_1 和 μ_2 分别为与空气阻力以及旋转摩擦力相关的系数，其大小是由材料属性决定的；$n_{\mathrm{x}}=3n+1$ 为关节的个数。

经过严格的数学计算，式 (2.13) 可写为

$$M_{\mathrm{b}}\ddot{y}+k_{\mathrm{h}}x\frac{\mathrm{d}x}{\mathrm{d}z_{\mathrm{ed}}}\frac{\mathrm{d}z_{\mathrm{ed}}}{\mathrm{d}y}+\frac{k_{\mathrm{v}}}{n^2}z_{\mathrm{ed}}=-\mu_1\dot{z}_{\mathrm{ed}}-\mu_2 n_{\mathrm{x}}\dot{\phi}\frac{\partial\phi}{\partial y} \tag{2.14}$$

将式 (2.7) 代入式 (2.14)，不难得出

$$M_{\mathrm{b}}\ddot{z}_{\mathrm{ed}}+k_{\mathrm{h}}x\frac{\mathrm{d}x}{\mathrm{d}z_{\mathrm{ed}}}\frac{\mathrm{d}z_{\mathrm{ed}}}{\mathrm{d}y}+\frac{k_{\mathrm{v}}}{n^2}z_{\mathrm{ed}}+\mu_1\dot{z}_{\mathrm{ed}}+\mu_2 n_{\mathrm{x}}\left(\frac{\mathrm{d}\phi}{\mathrm{d}z_{\mathrm{ed}}}\right)^2\dot{z}_{\mathrm{ed}}=-M_{\mathrm{b}}\ddot{z}_{\mathrm{u}}$$
$$\Rightarrow M_{\mathrm{b}}\ddot{z}_{\mathrm{ed}}+f_1+\frac{k_{\mathrm{v}}}{n^2}z_{\mathrm{ed}}+\mu_1\dot{z}_{\mathrm{ed}}+\mu_2 n_{\mathrm{x}}f_2\dot{z}_{\mathrm{ed}}=-M_{\mathrm{b}}\ddot{z}_{\mathrm{u}} \tag{2.15}$$

其中，$f_1=k_{\mathrm{h}}x\dfrac{\mathrm{d}x}{\mathrm{d}z_{\mathrm{ed}}}\dfrac{\mathrm{d}z_{\mathrm{ed}}}{\mathrm{d}y}$ 和 $f_2=\left(\dfrac{\mathrm{d}\phi}{\mathrm{d}z_{\mathrm{ed}}}\right)^2$ 为两个辅助函数，推导为

$$\begin{cases}\begin{aligned}f_1=&\frac{k_{\mathrm{h}}}{2n}\left[\begin{array}{l}L_1\cos\theta_1-\sqrt{L_1^2-\left(L_1\sin\theta_1+\dfrac{z_{\mathrm{ed}}}{2n}\right)^2}+L_2\cos\theta_2\\-\sqrt{L_2^2-\left(L_2\sin\theta_2+\dfrac{z_{\mathrm{ed}}}{2n}\right)^2}\end{array}\right]\\&\times\left[\frac{L_1\sin\theta_1+\dfrac{z_{\mathrm{ed}}}{2n}}{\sqrt{L_1^2-\left(L_1\sin\theta_1+\dfrac{z_{\mathrm{ed}}}{2n}\right)^2}}+\frac{L_2\sin\theta_2+\dfrac{z_{\mathrm{ed}}}{2n}}{\sqrt{L_2^2-\left(L_2\sin\theta_2+\dfrac{z_{\mathrm{ed}}}{2n}\right)^2}}\right]\\f_2=&\left[\frac{L_1}{2n\sqrt{L_1^2-\left(L_1\sin\theta_1+\dfrac{z_{\mathrm{ed}}}{2n}\right)^2}}+\frac{L_2}{2n\sqrt{L_2^2-\left(L_2\sin\theta_2+\dfrac{z_{\mathrm{ed}}}{2n}\right)^2}}\right]^2\end{aligned}\end{cases} \tag{2.16}$$

考虑到 $L_1 \sin \theta_1 = L_2 \sin \theta_2$，式 (2.16) 可进一步简化为

$$
\begin{cases}
f_1 = \dfrac{k_{\mathrm{h}} \vartheta}{2n}\left(L_1 \cos \theta_1 - \sqrt{L_1^2 - \vartheta^2} + L_2 \cos \theta_2 - \sqrt{L_2^2 - \vartheta^2}\right) \\
\qquad \times \left(\dfrac{1}{\sqrt{L_1^2 - \vartheta^2}} + \dfrac{1}{\sqrt{L_2^2 - \vartheta^2}}\right) \\
f_2 = \left(\dfrac{L_1}{2n\sqrt{L_1^2 - \vartheta^2}} + \dfrac{L_2}{2n\sqrt{L_2^2 - \vartheta^2}}\right)^2
\end{cases}
\tag{2.17}
$$

其中，$\vartheta = L_1 \sin \theta_1 + \dfrac{z_{\mathrm{ed}}}{2n} = L_2 \sin \theta_2 + \dfrac{z_{\mathrm{ed}}}{2n}$ 为辅助信号。

2.2.3 自适应神经网络跟踪控制器设计

为了利用仿生非线性动力学特性并节约能源，将仿生非线性动态的输出 z_{ed} 选为悬架行程 $z_{\mathrm{e}} = z_{\mathrm{s}} - z_{\mathrm{u}}$ 的参考轨迹。

紧接着，为促进接下来控制器的设计，定义悬架行程的跟踪误差为

$$
e_1 = z_{\mathrm{e}} - z_{\mathrm{ed}}
\tag{2.18}
$$

随后，定义辅助的跟踪误差信号为

$$
e_2 = \dot{e}_1 + \lambda_1 e_1
\tag{2.19}
$$

其中，$\lambda_1 \in \mathbb{R}^+$ 为正的控制增益。

受文献 [68] 和 [69] 启发，为得到一个无时滞的控制输入，构造如下形式的辅助函数：

$$
e_{\mathrm{u}} = m\left[u - u(t - \tau)\right]
\tag{2.20}
$$

为消除时滞输入项，构造如下形式的滑模面：

$$
r = \dot{e}_2 + \lambda_2 e_2 + e_{\mathrm{u}}
\tag{2.21}
$$

其中，$\lambda_2 \in \mathbb{R}^+$ 为正的控制增益。

将式 (2.3) 及式 (2.18)～式 (2.20) 代入式 (2.21)，可得

$$r = -m\big[F_s(z_s, z_u) + F_d(\dot{z}_s, \dot{z}_u)\big] + \frac{1}{m_u}\big[F_t(z_u, z_r) + F_b(\dot{z}_u, \dot{z}_r)\big]$$
$$- \ddot{z}_{ed} + \lambda_1 \dot{e}_1 + \lambda_2 e_2 + mu \tag{2.22}$$

对式 (2.22) 两端关于时间求导，可得

$$\begin{aligned}
\dot{r} &= -m\big[\dot{F}_s(z_s, z_u) + \dot{F}_d(\dot{z}_s, \dot{z}_u)\big] + \frac{1}{m_u}\big[\dot{F}_t(z_u, z_r) + \dot{F}_b(\dot{z}_u, \dot{z}_r)\big] \\
&\quad - \dddot{z}_{ed} + \lambda_1 \ddot{e}_1 + \lambda_2 \dot{e}_2 + m\dot{u} \\
&= \bar{m}\dot{u} + \lambda_1 \ddot{e}_1 + \lambda_2 \dot{e}_2 - \dddot{z}_{ed} - m\big[\dot{F}_s(z_s, z_u) + \dot{F}_d(\dot{z}_s, \dot{z}_u)\big] \\
&\quad + \frac{1}{m_u}\big[\dot{F}_t(z_u, z_r) + \dot{F}_b(\dot{z}_u, \dot{z}_r)\big] + (m - \bar{m})\dot{u} \\
&= \bar{m}\dot{u} + \lambda_1 \ddot{e}_1 + \lambda_2 \dot{e}_2 - \dddot{z}_{ed} + H(z) \\
&= \bar{m}\dot{u} - \lambda_1 \dot{e}_1 + (\lambda_2 + 1)\dot{e}_2 - \dddot{z}_{ed} + H(z)
\end{aligned} \tag{2.23}$$

其中，$H(z) = -m\big[\dot{F}_s(z_s, z_u) + \dot{F}_d(\dot{z}_s, \dot{z}_u)\big] + \frac{1}{m_u}\big[\dot{F}_t(z_u, z_r) + \dot{F}_b(\dot{z}_u, \dot{z}_r)\big] + (m - \bar{m})\dot{u}$ 为不确定/未知的系统动态；$\bar{m}$ 为 m 的名义值。

假设 2.1　悬架部件的阻尼力 F_d 和弹簧力 F_s、轮胎的弹力 F_t 和阻尼力 F_b 是连续的，且它们的一阶时间导数是有界的。

备注 2.1　在实际应用中，簧上质量远大于簧下质量。因此，可以得到 $m = \frac{m_s m_u}{m_s + m_u} \approx m_u$ 的结论。由于簧下质量的变化很小，其名义值近似接近其实际值。因此，式 (2.20) 可近似为 $e_u = \bar{m}[u - u(t - \tau)]$。

$H(z)$ 可由如下两层神经网络结构逼近[70]：

$$H(z) = W^T \sigma\left(T^T z\right) + \varepsilon \tag{2.24}$$

其中，$z = [z_s \ \dot{z}_s \ z_u \ \dot{z}_u \ z_r \ \dot{z}_r \ 1]^T$；$\varepsilon$ 为逼近误差，且满足 $|\varepsilon| \leqslant \bar{\varepsilon}$，$\bar{\varepsilon}$ 表示 ε 的上界；W 为有界的输出权重向量；T 为有界的输入权重向量；$\sigma(\cdot)$ 为激活函数。本书选取 s 型函数作为激活函数，其表达式为

$$\sigma(z) = \frac{1}{1 - \mathrm{e}^{-z}} \tag{2.25}$$

选择式(2.25)作为激活函数的原因是它可以提供必要的输出限制和优越的学习效果，同时具有一些良好的性质，例如，$\sigma(\cdot)$ 和它的一阶导数 $\dot{\sigma}(\cdot)$ 均是有界的，这将在后续的分析中用到。

基于式(2.23)的结构，构造如下形式的自适应神经网络跟踪控制方法：

$$u = -\frac{1}{m} \int_0^t \left[-\lambda_1 \dot{e}_1 + (\lambda_2 + 1)\dot{e}_2 - \ddot{z}_{\mathrm{ed}} + \hat{W}^{\mathrm{T}}\sigma\left(\hat{T}^{\mathrm{T}}z\right) + k_{\mathrm{p}}r + k_{\mathrm{r}}\,\mathrm{sgn}(r) \right]\mathrm{d}t \tag{2.26}$$

其中，k_{p}、$k_{\mathrm{r}} \in \mathbb{R}^+$ 为正的控制增益；$\hat{W}$ 和 $\hat{T}$ 分别为 W 和 T 的在线估计。

将式(2.26)代入式(2.23)，可得

$$\begin{aligned}
\dot{r} &= -k_{\mathrm{p}}r - k_{\mathrm{r}}\,\mathrm{sgn}(r) - \hat{W}^{\mathrm{T}}\sigma\left(\hat{T}^{\mathrm{T}}z\right) + W^{\mathrm{T}}\sigma\left(T^{\mathrm{T}}z\right) + \varepsilon \\
&= -k_{\mathrm{p}}r - k_{\mathrm{r}}\,\mathrm{sgn}(r) + \chi
\end{aligned} \tag{2.27}$$

其中，辅助信号 χ 的表达式为

$$\chi = -\hat{W}^{\mathrm{T}}\sigma\left(\hat{T}^{\mathrm{T}}z\right) + W^{\mathrm{T}}\sigma\left(T^{\mathrm{T}}z\right) + \varepsilon \tag{2.28}$$

紧接着，定义 W 和 T 的估计误差为

$$\tilde{W} = W - \hat{W}, \quad \tilde{T} = T - \hat{T} \tag{2.29}$$

为促进接下来的分析，引入如下的紧集：

$$B = \left\{ \tilde{W} \in \mathbb{R}^N : \left\| \tilde{W} \right\| \leqslant \bar{\omega}_1 \right\} \tag{2.30}$$

其中，N 为神经元的个数；$\bar{\omega}_1$ 为椭圆体 B 的半径。

进一步地，为计算 χ，首先对 $\sigma\left(T^{\mathrm{T}}z\right)$ 进行泰勒展开，可得

$$\sigma\left(T^{\mathrm{T}}z\right) = \sigma\left(\hat{T}^{\mathrm{T}}z\right) + \dot{\sigma}\left(\hat{T}^{\mathrm{T}}z\right)\tilde{T}^{\mathrm{T}}z + O\left(\tilde{T}^{\mathrm{T}}z\right)^2 \tag{2.31}$$

其中，$O\left(\tilde{T}^{\mathrm{T}}z\right)^2$ 为泰勒展开式的高阶残余项。

根据式 (2.31)，可推导出 χ 的表达式为

$$
\begin{aligned}
\chi &= W^{\mathrm{T}}\left[\sigma\left(\hat{T}^{\mathrm{T}}z\right)+\dot{\sigma}\left(\hat{T}^{\mathrm{T}}z\right)\tilde{T}^{\mathrm{T}}z+O\left(\hat{T}^{\mathrm{T}}z\right)^{2}\right]-\hat{W}^{\mathrm{T}}\sigma\left(\hat{T}^{\mathrm{T}}z\right)+\varepsilon \\
&=\left(\hat{W}^{\mathrm{T}}+\tilde{W}^{\mathrm{T}}\right)\left[\sigma\left(\hat{T}^{\mathrm{T}}z\right)+\dot{\sigma}\left(\hat{T}^{\mathrm{T}}z\right)\tilde{T}^{\mathrm{T}}z+O\left(\hat{T}^{\mathrm{T}}z\right)^{2}\right]-\hat{W}^{\mathrm{T}}\sigma\left(\hat{T}^{\mathrm{T}}z\right)+\varepsilon \\
&=\tilde{W}^{\mathrm{T}}\sigma\left(\hat{T}^{\mathrm{T}}z\right)+\tilde{W}^{\mathrm{T}}\dot{\sigma}\left(\hat{T}^{\mathrm{T}}z\right)\tilde{T}^{\mathrm{T}}z+\hat{W}^{\mathrm{T}}\dot{\sigma}\left(\hat{T}^{\mathrm{T}}z\right)\tilde{T}^{\mathrm{T}}z+W^{\mathrm{T}}O\left(\tilde{T}^{\mathrm{T}}z\right)^{2}+\varepsilon \\
&=\tilde{W}^{\mathrm{T}}\left[\sigma\left(\hat{T}^{\mathrm{T}}z\right)-\dot{\sigma}\left(\hat{T}^{\mathrm{T}}z\right)\hat{T}^{\mathrm{T}}z\right]+\hat{W}^{\mathrm{T}}\dot{\sigma}\left(\hat{T}^{\mathrm{T}}z\right)\tilde{T}^{\mathrm{T}}z+\tilde{W}^{\mathrm{T}}\dot{\sigma}\left(\hat{T}^{\mathrm{T}}z\right)T^{\mathrm{T}}z \\
&\quad+W^{\mathrm{T}}O\left(\tilde{T}^{\mathrm{T}}z\right)^{2}+\varepsilon \\
&=\tilde{W}^{\mathrm{T}}\left[\sigma\left(\hat{T}^{\mathrm{T}}z\right)-\dot{\sigma}\left(\hat{T}^{\mathrm{T}}z\right)\hat{T}^{\mathrm{T}}z\right]+\hat{W}^{\mathrm{T}}\dot{\sigma}\left(\hat{T}^{\mathrm{T}}z\right)\tilde{T}^{\mathrm{T}}z+\Delta
\end{aligned}
\tag{2.32}
$$

其中，Δ 的表达式为

$$
\Delta=\tilde{W}^{\mathrm{T}}\dot{\sigma}\left(\hat{T}^{\mathrm{T}}z\right)T^{\mathrm{T}}z+W^{\mathrm{T}}O\left(\tilde{T}^{\mathrm{T}}z\right)^{2}+\varepsilon
\tag{2.33}
$$

在紧集 B 中，不难得出 Δ 是有界的，即

$$
|\Delta|\leqslant\bar{\Delta}
\tag{2.34}
$$

其中，$\bar{\Delta}$ 为 Δ 的上界。

$\hat{W}$ 和 $\hat{T}$ 的更新律设计为

$$
\begin{aligned}
\dot{\hat{W}} &= \delta\beta rK\left[\sigma\left(\hat{T}^{\mathrm{T}}z\right)-\dot{\sigma}\left(\hat{T}^{\mathrm{T}}z\right)\hat{T}^{\mathrm{T}}z\right] \\
\dot{\hat{T}} &= \delta\alpha r\Gamma\hat{W}^{\mathrm{T}}\dot{\sigma}\left(\hat{T}^{\mathrm{T}}z\right)z
\end{aligned}
\tag{2.35}
$$

其中，δ、α、$\beta\in\mathbb{R}^{+}$ 为正的控制增益；K、Γ 为正定对角矩阵。

2.2.4 稳定性/状态收敛性证明

在本节中，将对所控制的四分之一主动式悬架系统的稳定性和状态收敛性进行详细的理论分析。

定理 2.1　对于具有不确定/未知动态和输入时滞的四分之一主动式悬架系统，采用更新律式 (2.35) 的自适应神经网络跟踪控制方法式 (2.26) 可以保证滑模面在有限时间内收敛到零，即

$$
\lim_{t\to t_{\mathrm{f}}}\begin{bmatrix}r & \dot{r}\end{bmatrix}^{\mathrm{T}}=\begin{bmatrix}0 & 0\end{bmatrix}^{\mathrm{T}}
\tag{2.36}
$$

其中，t_f 为有限的时间。

需要满足如下条件：

$$k_r \geqslant \max\left\{\bar{\Delta}, \varsigma\right\} \tag{2.37}$$

其中，ς 为 χ 的上界。

证明　为证明定理 2.1，引入李雅普诺夫候选函数为

$$V_1(t) = \frac{\delta}{2} r^2 + \frac{1}{2\alpha} \mathrm{Tr}\left(\tilde{T}^{\mathrm{T}} \varGamma^{-1} \tilde{T}\right) + \frac{1}{2\beta} \tilde{W}^{\mathrm{T}} K^{-1} \tilde{W} \tag{2.38}$$

其中，$\mathrm{Tr}(*)$ 为矩阵 $*$ 的迹。

对式 (2.38) 两端关于时间求导，可推出

$$
\begin{aligned}
\dot{V}_1(t) &= \delta r \dot{r} + \frac{1}{\alpha} \mathrm{Tr}\left(\tilde{T}^{\mathrm{T}} \varGamma^{-1} \dot{\tilde{T}}\right) + \frac{1}{\beta} \tilde{W}^{\mathrm{T}} K^{-1} \dot{\tilde{W}} \\
&= \delta r \left[-k_p r - k_r \,\mathrm{sgn}(r) - \hat{W}^{\mathrm{T}} \sigma\left(\hat{T}^{\mathrm{T}} z\right) + W^{\mathrm{T}} \sigma\left(T^{\mathrm{T}} z\right) + \varepsilon \right] \\
&\quad - \frac{1}{\alpha} \mathrm{Tr}\left(\tilde{T}^{\mathrm{T}} \varGamma^{-1} \dot{\tilde{T}}\right) - \frac{1}{\beta} \tilde{W}^{\mathrm{T}} K^{-1} \dot{\hat{W}} \\
&= \delta r \left\{
\begin{aligned}
&-k_p r - k_r \,\mathrm{sgn}(r) + \tilde{W}^{\mathrm{T}} \left[\sigma\left(\hat{T}^{\mathrm{T}} z\right) - \dot{\sigma}\left(\hat{T}^{\mathrm{T}} z\right) \hat{T}^{\mathrm{T}} z \right] \\
&+ \hat{W}^{\mathrm{T}} \dot{\sigma}\left(\hat{T}^{\mathrm{T}} z\right) \tilde{T}^{\mathrm{T}} z + \Delta
\end{aligned}
\right\} \\
&\quad - \frac{1}{\alpha} \mathrm{Tr}\left[\tilde{T}^{\mathrm{T}} \varGamma^{-1} \delta \alpha r \varGamma \hat{W}^{\mathrm{T}} \dot{\sigma}\left(\hat{T}^{\mathrm{T}} z\right) z \right] \\
&\quad - \frac{1}{\beta} \tilde{W}^{\mathrm{T}} K^{-1} \delta \beta r K \left[\sigma\left(\hat{T}^{\mathrm{T}} z\right) - \dot{\sigma}\left(\hat{T}^{\mathrm{T}} z\right) \hat{T}^{\mathrm{T}} z \right] \\
&= -k_p \delta r^2 - k_r \delta |r| + \Delta \delta r
\end{aligned}
\tag{2.39}
$$

$\dot{V}_1(t)$ 后两项可计算为

$$-k_r \delta |r| + \Delta \delta r \leqslant -k_r \delta |r| + \bar{\Delta} \delta |r| \leqslant 0 \tag{2.40}$$

其中，在推导过程中使用了式 (2.37) 的结论。

由式 (2.39) 和式 (2.40)，不难得到

$$\dot{V}_1(t) \leqslant -k_p \delta r^2 \leqslant 0 \tag{2.41}$$

由李雅普诺夫方法可知，该闭环系统是李雅普诺夫稳定的[71]，且有

$$r,\ \tilde{T},\ \tilde{W}\in L_\infty \tag{2.42}$$

$$\lim_{t\to\infty} r = 0 \tag{2.43}$$

其中，L_∞ 为数量中绝对值最大的元素，是一种衡量向量最大值的方法。

紧接着，将证明 r 和 $\dot{r}$ 在有限时间内收敛于 0。根据式 (2.42) 的结论以及 W 和 T 有界的事实，不难得出

$$\hat{T},\ \hat{W}\in L_\infty \tag{2.44}$$

由式 (2.32)、式 (2.42)、式 (2.44) 可知，χ 是有界的，即

$$\chi \leqslant \varsigma \tag{2.45}$$

然而，根据以上分析，很难证明滑模面 r 在有限时间内收敛于 0。因此，进一步修改李雅普诺夫候选函数为

$$V_2(t)=\frac{\delta}{2}r^2 \tag{2.46}$$

对式 (2.46) 两端关于时间求导，可得

$$
\begin{aligned}
\dot{V}_2(t)&=\delta r\Big[-k_{\mathrm{p}}r-k_{\mathrm{r}}\,\mathrm{sgn}(t)-\hat{W}^{\mathrm{T}}\sigma\big(\hat{T}^{\mathrm{T}}z\big)+W^{\mathrm{T}}\sigma\big(T^{\mathrm{T}}z\big)+\varepsilon\Big]\\
&\leqslant -\delta k_{\mathrm{p}}r^2-\delta k_{\mathrm{r}}|r|+\delta\varsigma r\\
&\leqslant -\delta k_{\mathrm{r}}|r|+\delta\varsigma|r|\\
&= -\delta(k_{\mathrm{r}}-\varsigma)|r|\\
&\leqslant -\kappa|r|\\
&\leqslant 0
\end{aligned}
\tag{2.47}
$$

其中，$\kappa=\delta(k_{\mathrm{r}}-\varsigma)$ 为一个辅助函数。

由式 (2.46) 不难导出

$$|r|=\sqrt{\frac{2V_2(t)}{\delta}} \tag{2.48}$$

根据式（2.47）、式（2.48），可得

$$\dot{V}_2(t) \leqslant -\kappa\sqrt{\frac{2V_2(t)}{\delta}} \tag{2.49}$$

为计算式（2.49），将式（2.49）写成如下标准形式：

$$\frac{\mathrm{d}V_2(t)}{\mathrm{d}t} \leqslant -\kappa\sqrt{\frac{2}{\delta}} \to \frac{\mathrm{d}V_2(t)}{V_2^{\frac{1}{2}}(t)} \leqslant -\kappa\sqrt{\frac{2}{\delta}}\,\mathrm{d}t \tag{2.50}$$

对式（2.50）两端关于时间积分，可求得

$$2V_2^{\frac{1}{2}}(t) \leqslant -\kappa\sqrt{\frac{2}{\delta}}\,\mathrm{d}t + C \tag{2.51}$$

其中，C 为待确定的常数。当 $t=0$ 时，可导出

$$C \geqslant 2V_2^{\frac{1}{2}}(0) \tag{2.52}$$

结合式（2.51）、式（2.52）的结论，可得出

$$2\sqrt{V_2(t)} \leqslant -\kappa\sqrt{\frac{2}{\delta}}t + 2\sqrt{V_2(0)} \tag{2.53}$$

假设当 $t=t_\mathrm{f}$ 时状态向量收敛至滑模面 r，也就是说 $V_2(t_\mathrm{f})=0$。那么，式（2.53）可计算为

$$\kappa\sqrt{\frac{2}{\delta}}t_\mathrm{f} \leqslant 2\sqrt{V_2(0)} \to t_\mathrm{f} \leqslant \frac{\sqrt{2\delta}}{\kappa}\sqrt{V_2(0)} \tag{2.54}$$

这表明滑模面 r 的收敛时间 t_f 是有界的，并且由于 $\dot{V}_2(t) \leqslant 0$ 的事实，可得

$$V_2(t) = 0, \quad \forall t \geqslant t_\mathrm{f} \to r = 0, \quad \forall t \geqslant t_\mathrm{f} \tag{2.55}$$

注意到，当 $t \geqslant t_\mathrm{f}$ 时，滑模面 r 为一个不变集，即

$$\dot{r} = 0, \quad \forall t \geq t_{\mathrm{f}} \tag{2.56}$$

结合式(2.54)~式(2.56)的结论，可知定理 2.1 得证。

2.2.5　实验结果分析

为了叙述的完整性，在给出对比实验研究之前，先介绍实验室中使用的实际主动式悬架硬件设备，它可以用于验证本书提出的控制方法。实验室规模的实验设备如图 2.3 所示，它具有模拟四分之一主动式悬架系统的功能。该主动式悬架的数学模型可以用式(2.1)、式(2.2)来表示，可用于设计和验证指定问题的控制器。悬架模型的参数列在表 2.1 中，它们是使用系统识别技术得到的，这些参数可能会包含一些潜在的误差和不精确性。

图 2.3　四分之一主动式悬架系统实验设备

表 2.1　四分之一主动式悬架系统参数

参数	数值	参数	数值
m_{s}	2.45kg	m_{u}	1kg
k_{s}（悬架弹簧的刚度系数）	900N/m	k_{d}（悬架阻尼系数）	7.5N·s/m
k_{t}（轮胎的刚度系数）	1250N/m	k_{b}（轮胎的阻尼系数）	5N·s/m
τ	0.02s		

　　这个主动式悬架系统由三个质量块或板组成,它们可以彼此独立地在垂直方向上运动。底板,即路面,由连接到丝杠和电缆传输系统的有刷伺服电机驱动,其用于产生不同的道路模型和系统的扰动。中间板通过弹簧和阻尼器连接到底板,在四分之一主动式悬架系统中模拟轮胎,其中阻尼是线性轴承中的摩擦以及弹簧和它们的导轨之间的摩擦引起的。顶板模拟支撑在悬架上方的车身,也称为被控装置的簧上质量,其通过两个悬架弹簧、悬架阻尼器以及通过绞盘的高质量直流电动机连接到中间板。该电动机被称为控制系统的执行器,以模拟主动控制输入,它可以动态地补偿由路面输入引起的车身运动。

　　当有刷伺服电机运行时,在输出轴处产生的扭矩可以转换成线性力,该线性力通过丝杠和齿轮机构带动底板运动。这种悬架结构由钢和三个板构成,它们可以通过线性轴承沿着不锈钢轴平滑地滑动。两个底板的运动可以直接通过两个高分辨率光学编码器测量,而第三编码器用于测量顶板相对于中间板的运动。此外,在顶板中装有加速度计,用来测量车身相对于被控对象路面的加速度。因此,这种按比例缩小的四分之一主动式悬架系统结构可以应用于探索主动式悬架控制实现的关键问题。当用不同的控制律来探索前面所述的各种悬架性能指标时,此装置包含了以下要控制的性能测量。

　　(1)驾乘舒适性:关注驾乘人员感觉到的车身振动。这个指标是通过安装在簧上质量中的加速度计测量的。

　　(2)悬架行程:指的是簧上质量和簧下质量之间的相对位移,要求在垂直运动期间限制在指定范围内。它由线性绞盘机构测量。

　　(3)行驶安全性:与轮胎和路面之间的接触力相关联,其中接触力取决于轮胎挠度。在主动式悬架系统结构中,轮胎的挠度可以由簧下质量和路面之间的相对位移表示。

　　根据硬件和计算机配置,采样时间和时滞分别设置为 1ms 和 20ms。主动式悬架系统的所有状态都可以通过高精度的编码器测量。

　　悬架弹簧、阻尼器和轮胎的不确定/未知动力学可描述为[68, 72]

$$F_{\mathrm{s}} = k_{\mathrm{s}1}\left(z_{\mathrm{s}} - z_{\mathrm{u}}\right) + k_{\mathrm{s}2}\left(z_{\mathrm{s}} - z_{\mathrm{u}}\right)^{3} \tag{2.57}$$

$$F_{\mathrm{d}} = \begin{cases} k_{\mathrm{d1}}(\dot{z}_{\mathrm{s}} - \dot{z}_{\mathrm{u}}), & \dot{z}_{\mathrm{s}} - \dot{z}_{\mathrm{u}} > 0 \\ k_{\mathrm{d2}}(z_{\mathrm{s}} - z_{\mathrm{u}}), & \dot{z}_{\mathrm{s}} - \dot{z}_{\mathrm{u}} \leqslant 0 \end{cases} \tag{2.58}$$

$$F_{\mathrm{t}} = k_{\mathrm{t}}(z_{\mathrm{u}} - z_{\mathrm{r}}) \tag{2.59}$$

$$F_{\mathrm{b}} = k_{\mathrm{b}}(\dot{z}_{\mathrm{u}} - \dot{z}_{\mathrm{r}}) \tag{2.60}$$

其中，k_{s1} 和 k_{s2} 为悬架弹簧的刚度系数；k_{d1} 以及 k_{d2} 分别为悬架伸长和压缩的阻尼系数；k_{t} 和 k_{b} 分别为轮胎的刚度系数以及阻尼系数。

应该指出的是，为了更好地验证输入时滞对所设计的跟踪控制方法的影响，在输入模块后面人为加了一个延迟模块。另外，根据文献[73]，20ms 对于大多数主动式悬架系统来说是一个较大的延迟，因此在实验中选择 20ms 的时间延迟。采用谐波平衡法，分析得到位移传递率在不同参数下的曲线，最终选择仿生非线性参考模型的相关参数，如表 2.2 所示。

表 2.2　仿生非线性参考模型参数

参数	数值	参数	数值
M_{b}	3kg	μ_1	5N·s/m
θ_1	$\pi/6$	μ_2	0.15N·s/m
L_1	0.1m	k_{h}	500N/m
L_2	0.2m	k_{v}	350N/m

为了评估所设计控制器在不确定/未知动力学和输入时滞下的平顺性、悬架行程等控制性能，考虑以下两种路面。

(1) 正弦路面(图 2.4)：

$$z_{\mathrm{r}} = h \sin(6\pi t) \tag{2.61}$$

其中，$h = 0.19\mathrm{cm}$ 表示振动的幅度。可以确定悬架组件的谐振频率约为 3Hz。因此，所提出的控制律通过频率为 3Hz 和振幅为 0.19cm 的正弦路面扰动输入来验证。

(2) 随机路面：

随机路面的曲线如图 2.5 所示。

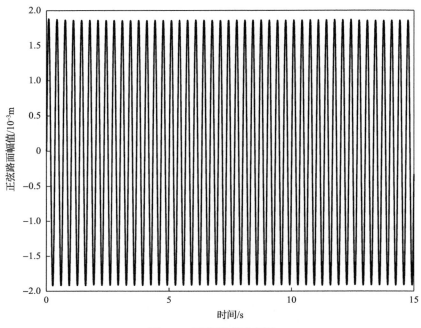

图 2.4　正弦路面示意图

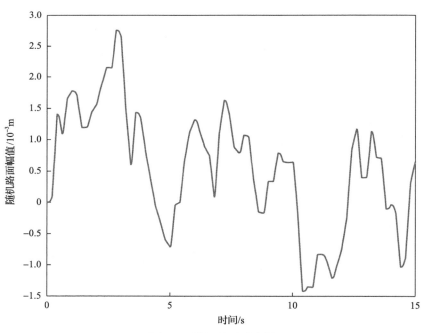

图 2.5　随机路面示意图

为了更好地说明所设计的基于仿生非线性动态的自适应神经网络跟踪控制器的控制性能，考虑了以下三种情况。

情况 1：被动式悬架系统。

情况 2：扩展基于状态观测器的跟踪（ESOT）控制方法[38]。

情况 3：本章所设计跟踪控制方法 [式（2.26）和式（2.35）]。

经过反复试凑，本章所设计跟踪控制方法和 ESOT 控制方法的控制增益如表 2.3 所示。

表 2.3 不同控制方法的控制增益

控制方法	控制增益
本章所设计跟踪控制方法	$\lambda_1 = 10$，$\lambda_2 = 10$，$k_p = 500$，$k_r = 30$，$\delta = 10$， $\alpha = 10$，$\beta = 20$，$K = 10\mathrm{diag}(I)_{7\times7}$，$\Gamma = 16\mathrm{diag}(I)_{7\times7}$
ESOT 控制方法	$b_0 = 0.4$，$w_0 = 100$，$k_1 = 20$，$k_2 = 20$

采用被动式悬架系统、本章所设计跟踪控制方法和 ESOT 控制方法针对两种不同路面下车体加速度和能量消耗的均方根进行比较，如表 2.4 和表 2.5 所示。

表 2.4 不同路面下车体加速度的均方根 （单位：m/s²）

控制方法	正弦路面	随机路面
被动式悬架系统	0.9813	0.0297
ESOT 控制方法	0.2315 (↓76.41%)	0.0266 (↓10.44%)
本章所设计跟踪控制方法	0.1860 (↓81.05%)	0.0172 (↓42.09%)

表 2.5 不同控制方法在不同路面下能量消耗的均方根 （单位：W）

控制方法	正弦路面	随机路面
ESOT 控制方法	0.0310	0.0027
本章所设计跟踪控制方法	0.0125 (↓59.68%)	0.0015 (↓44.44%)

从表 2.4 可以看出，与被动式悬架系统和 ESOT 控制方法相比，本章所

设计跟踪控制方法显著提高了车辆的平顺性。由表 2.5 可以看出，在正弦路面的作用下，本章所设计跟踪控制方法的能量消耗的均方根比 ESOT 控制方法降低了 59.68%；与 ESOT 控制方法相比，在随机路面的作用下，本章所设计跟踪控制方法的能量消耗的均方根降低了 44.44%。这些结果进一步证明了本章所设计跟踪控制方法具有优异的节能性能。

　　针对正弦路面和随机路面，本章所设计跟踪控制方法和 ESOT 控制方法的输入的时域响应和频域响应分别见图 2.6 和图 2.7。由图 2.6(a)和图 2.7(a)可以很容易地得出，本章所设计跟踪控制方法的输出比 ESOT 控制方法的输出要小得多。从图 2.6(b)和图 2.7(b)可以看出，ESOT 控制方法中高频分量大于本章所设计跟踪控制方法。执行器的高带宽要求会增加主动式悬架系统的成本和输入饱和的可能性[54]。并且，在实际应用中，执行机构的带宽总是有限的。因此，与 ESOT 控制方法相比，本章所设计跟踪控制方法具有较高的控制能效和较低的执行器带宽特性。

　　图 2.8(a)和图 2.9(a)分别描述了两种不同路面下被动式悬架系统、本章所设计跟踪控制方法和 ESOT 控制方法的车体加速度的时间曲线图，对应的频

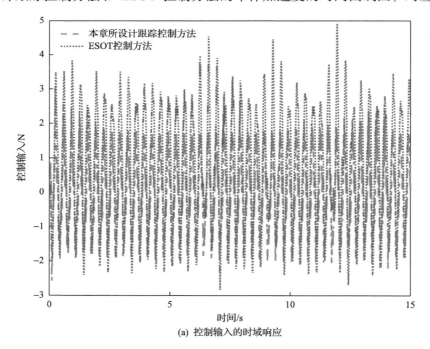

(a) 控制输入的时域响应

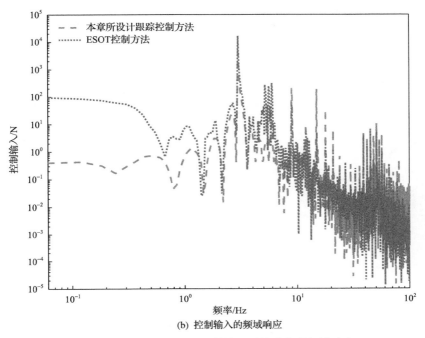

(b) 控制输入的频域响应

图 2.6　针对正弦路面的控制输入时域响应和频域响应

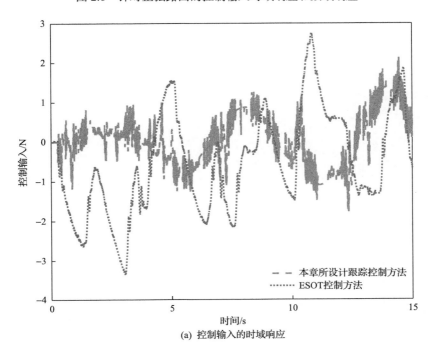

(a) 控制输入的时域响应

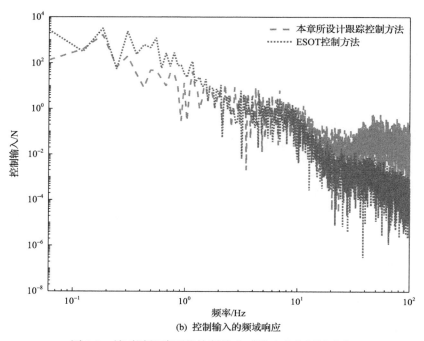

(b) 控制输入的频域响应

图 2.7　针对随机路面的控制输入时域响应和频域响应

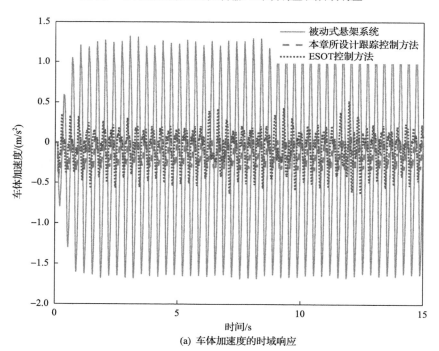

(a) 车体加速度的时域响应

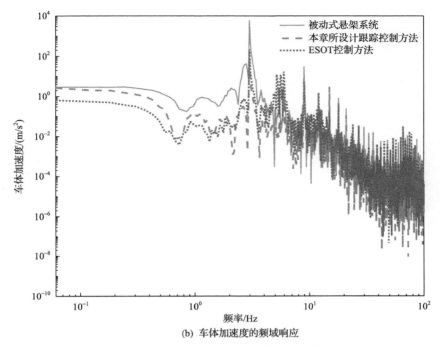

(b) 车体加速度的频域响应

图 2.8　针对正弦路面的车体加速度时域响应和频域响应

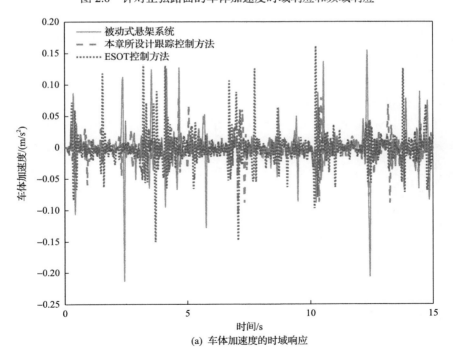

(a) 车体加速度的时域响应

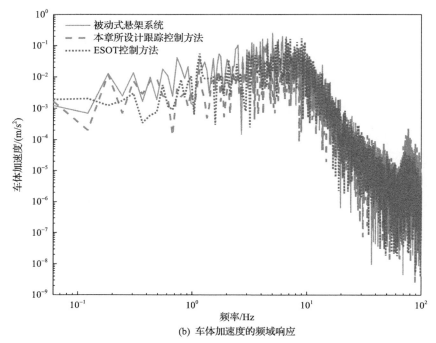

(b) 车体加速度的频域响应

图 2.9　针对随机路面的车体加速度时域响应和频域响应

域图如图 2.8(b) 和图 2.9(b) 所示。不难发现，与被动式悬架系统相比，本章所设计跟踪控制方法和 ESOT 控制方法大大降低了车体加速度。因此，本章所设计跟踪控制方法和 ESOT 控制方法的平顺性得到了明显的改善。更准确地说，从表 2.4 可知，在正弦路面下，与被动式悬架系统相比，ESOT 控制方法的车体加速度的均方根减小了 76.41%，而本章所设计跟踪控制方法减少了 81.05%；在随机路面下，ESOT 控制方法和本章所设计跟踪控制方法的车体加速度的均方根分别减小了 10.44% 和 42.09%。

　　悬架系统结构方面的物理约束应该满足某些条件，如悬架行程位移限制。这些约束要求当车辆遭受路面激励时，悬架行程应该限制在一定范围内。在这个实验设置中，最大的悬架行程是 $z_{e\max} = 0.038\mathrm{m}$。如图 2.10 及图 2.11 所示，三种悬架系统的悬架行程都在可接受的范围内。

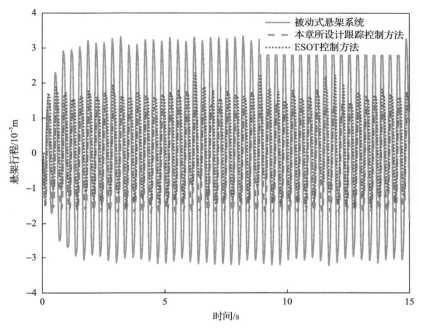

图 2.10　针对正弦路面的悬架行程

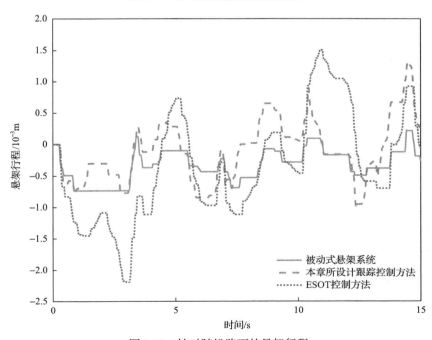

图 2.11　针对随机路面的悬架行程

第3章 基于有益非线性因素的饱和 PD-SMC 跟踪控制方法

3.1 引　言

考虑到比例微分/比例积分微分(PD/PID)控制方法结构简单,易于工程实现的优点,其现已被广泛应用于许多工业领域,主要包括主动式悬架控制[74, 75]、航天器控制[76]、机器人机械臂控制[77-79]、轮椅外骨骼机器人控制[80]、双足机器人控制[81]、伺服机构控制[82]、欠驱动系统控制[83-85](倒立摆系统、船舶、起重机系统)等。作为一类线性控制方法,PD/PID 控制方法是一种无模型的控制方法,其控制增益可以单独调节。一个简单的 PD/PID 控制方法和适当的控制增益在实际应用中可以得到令人满意的控制性能。

众所周知,滑模控制(SMC)方法对系统模型不确定性以及外界干扰具有较强的鲁棒性。为充分利用这些方法的显著优势,学者针对主动式悬架系统设计了几种类型的 SMC 方法[86-96]。在文献[86]中,通过估计不确定弹簧和阻尼器、载荷振动以及道路扰动,构造了一种基于扰动观测器的滑模控制方法,该方法需要精确的簧上质量知识。在文献[88]中,针对模型未知项、时变位移以及速度约束的问题,提出了一种自适应滑模控制方法。在文献[90]中,为了减小驾驶员和乘客的头部加速度,提出了一种分数阶终端滑模控制方法。在文献[93]中,通过将模糊加权矩阵转化为一组模糊加权标量,提出了一种基于模糊的动态滑模控制方法,以提高系统的控制性能。在文献[96]中,提出了一种依赖系统参数的滑模控制方法,在有限时间内将系统状态轨迹驱动到指定的滑模面上。现有 SMC 方法存在的主要问题是,需要一定的系统参数知识,因此很难计算出其等效控制部分。为了避免等效控制部分的计算,考虑将 PD 控制与 SMC 相结合。

在主动式悬架系统中,非线性因素是不可避免的。此外,可以看出,现有的控制方案几乎都只是为了获得满意的减振性能而直接删除非线性动态响应,从而造成不必要的能量消耗。然而,正如我们所注意到的,利用有益的非线性因素可以获得比线性系统更好的悬架性能[54, 64]。此外,在不影响悬架性能的情况下,利用这些有益的非线性因素可以降低能量成本[65, 66, 97]。因此,在我们之前的工作中,通过充分利用有益的非线性因素,针对主动式悬架系统,设计了几种节能的鲁棒控制方法。更准确地说,在文献[98]中,针对主动式悬架系统设计了自适应模糊 SMC 方法,该方法有利于补偿系统参数不确定性、外部干扰和输入饱和的影响。然而,所设计的控制方法结构复杂,在实际应用中难以实现。在文献[60]中,充分利用好的扰动响应,设计了一种基于切换逻辑的饱和跟踪控制方法,该方法可以显著提高系统的暂态控制性能。然而,由于所设计的控制方法不连续,不可避免地会出现抖振现象,即控制器输出的高频振荡导致轨迹在滑模面附近快速振荡。在文献[58]中,采用神经网络方法来处理不确定/未知的动力学模型。但是,所设计的控制方法不能将输入控制在允许范围内,与实际应用相差甚远。这些结果清楚地表明,有益的非线性将是一个重要的因素,可以以更低的能耗获得更好的振动抑制性能。

在主动式悬架系统方面,性能改进一直是现有研究中最受关注的课题。然而,上述几个实际的约束问题并没有得到解决,如不易于工程实现、避免输入饱和以及减少能耗等。针对上述问题,本书提出了一种新颖的饱和 PD-SMC 跟踪控制方法。具体来说,通过更好地利用独特的仿生 X 型参考模型中有益的非线性刚度和阻尼特性,可以获得低能耗的主动式悬架系统卓越的隔振性能。为了增强鲁棒性,设计了简单的 PD-SMC 跟踪控制方法。此外,引入了饱和函数,以防止控制输入超出允许范围。最后,实验结果验证了所提控制方法的有效性以及强鲁棒性。该方法的优点可描述如下。

(1) 充分利用主动式悬架系统固有的非线性特性,极大地提高了悬架性能,并大大降低了能耗。

(2) 该控制方法不需要精确的系统参数(如簧上/簧下质量),因此对不确定/未知的系统参数具有较强的鲁棒性。此外,所提出的饱和 PD-SMC 跟踪控制方法只包含跟踪误差、跟踪误差的时间导数以及簧上质量和簧下质量的名义值,易于在实际应用中实现。

(3) 所设计的控制方法结合了 PD 控制方法结构简单和 SMC 方法的强鲁棒性的优点,同时充分考虑了控制输入的实际约束问题。

3.2　主　要　结　果

3.2.1　问题描述

四分之一主动式悬架系统的动力学模型可描述为

$$m_s \ddot{z}_s = -F_s(z_s, z_u) - F_d(\dot{z}_s, \dot{z}_u) + d_1 + u(t) \tag{3.1}$$

$$m_u \ddot{z}_u = F_s(z_s, z_u) + F_d(\dot{z}_s, \dot{z}_u) - F_t(z_u, z_r) - F_b(\dot{z}_u, \dot{z}_r) + d_2 - u(t) \tag{3.2}$$

其中, d_1 和 d_2 为外部扰动。

本章的一个重要目标是利用具有理想非线性准零刚度的仿生隔振参考模型(图 2.1 右侧),设计一种新颖的饱和 PD-SMC 跟踪控制方法使悬架行程 $z_e = z_s - z_u$ 跟踪上仿生非线性动态 z_{ed} [式(2.15)]。为此,将式(3.1)和式(3.2)整理为

$$\begin{aligned}
\frac{m_s m_u}{m_s + m_u} \ddot{z}_e &= -\left[F_s(z_s, z_u) + F_d(\dot{z}_s, \dot{z}_u) \right] + \frac{m_u}{m_s + m_u} d_1 \\
&\quad - \frac{m_s}{m_s + m_u} d_2 + \frac{m_s}{m_s + m_u} \left[F_t(z_u, z_r) + F_b(\dot{z}_u, \dot{z}_r) \right] + u(t) \\
&= \Delta_1 + u(t)
\end{aligned} \tag{3.3}$$

其中, Δ_1 包括不确定动态以及未知外部扰动,其具体表达式为

$$\begin{aligned}
\Delta_1 &= -\left[F_s(z_s, z_u) + F_d(\dot{z}_s, \dot{z}_u) \right] + \frac{m_u}{m_s + m_u} d_1 \\
&\quad - \frac{m_s}{m_s + m_u} d_2 + \frac{m_s}{m_s + m_u} \left[F_t(z_u, z_r) + F_b(\dot{z}_u, \dot{z}_r) \right]
\end{aligned} \tag{3.4}$$

假设 3.1 针对主动式悬架系统, Δ_1 是有界的。

假设 3.2 悬架行程加速度的目标轨迹 $\ddot{z}_{ed}$ 是有界的,其数学表达式为

$$\begin{cases}
\ddot{z}_{ed} = \gamma_1, & \ddot{z}_{ed} < \gamma_1 \\
M_b \ddot{z}_{ed} + f_1 + \dfrac{k_v}{n^2} z_{ed} + \mu_1 \dot{z}_{ed} + \mu_2 n_x f_2 \dot{z}_{ed} = -M_b \ddot{z}_u, & \gamma_1 \leqslant \ddot{z}_{ed} \leqslant \gamma_2 \\
\ddot{z}_{ed} = \gamma_2, & \ddot{z}_{ed} > \gamma_2
\end{cases} \tag{3.5}$$

其中, γ_2 和 γ_1 分别为 $\ddot{z}_{ed}$ 的上下界。

3.2.2 饱和 PD-SMC 跟踪控制方法设计

构造滑模面 s 的表达式为

$$s = \dot{e}_1 + 2\lambda \arctan e_1 \tag{3.6}$$

其中, $\lambda \in \mathbb{R}^+$ 为正的控制增益。

由式 (2.18) 及式 (3.3) 可得

$$
\begin{aligned}
\frac{m_s m_u}{m_s + m_u} \ddot{e}_1 &= \Delta_1 - \frac{m_s m_u}{m_s + m_u} \ddot{z}_{ed} + u(t) \\
&= \left[\Delta_1 - \left(\frac{m_s m_u}{m_s + m_u} - \frac{\overline{m}_s \overline{m}_u}{\overline{m}_s + \overline{m}_u} \right) \ddot{z}_{ed} \right] - \frac{\overline{m}_s \overline{m}_u}{\overline{m}_s + \overline{m}_u} \ddot{z}_{ed} + u(t) \\
&= \Gamma_1 - \frac{\overline{m}_s \overline{m}_u}{\overline{m}_s + \overline{m}_u} \ddot{z}_{ed} + u(t) \\
&= \Gamma_1 - \overline{m} \ddot{z}_{ed} + u(t)
\end{aligned}
\tag{3.7}
$$

其中，$\overline{m}_s$ 和 $\overline{m}_u$ 分别为 m_s 和 m_u 的名义值；$\overline{m} = \dfrac{\overline{m}_s \overline{m}_u}{\overline{m}_s + \overline{m}_u}$ 为一个已知常数；Γ_1 为如下的广义扰动：

$$
\Gamma_1 = \Delta_1 - \left(\frac{m_s m_u}{m_s + m_u} - \overline{m} \right) \ddot{z}_{ed}
\tag{3.8}
$$

由假设 3.1 以及假设 3.2，不难得出 Γ_1 是有界的结论，即

$$
|\Gamma_1| \leqslant \nu
\tag{3.9}
$$

其中，$\nu \in \mathbb{R}^+$ 为一个已知参数。

定理 3.1 针对四分之一主动式悬架系统，饱和 PD-SMC 跟踪控制方法设计为

$$
u(t) = -\frac{2k_p}{\pi} \arctan e_1 - \frac{2k_d}{\pi} \arctan \dot{e}_1 - k_s \operatorname{sgn}(s) + \overline{m} \ddot{z}_{ed}
\tag{3.10}
$$

其中，k_p、k_d、$k_s \in \mathbb{R}^+$ 为正的控制增益，那么，悬架行程 z_e 可很好地跟踪其期待轨迹 z_{ed}，即

$$
\lim_{t \to \infty} e_1 = 0, \quad \lim_{t \to \infty} \dot{e}_1 = 0
\tag{3.11}
$$

与此同时，控制输入始终保持在允许的范围内：

$$
|u(t)| \leqslant u_{max}
\tag{3.12}
$$

其中，u_{max} 为控制输入的最大值。各控制增益需要满足以下条件：

$$\begin{cases} \lambda < \dfrac{1}{2} \\[2mm] k_p > \lambda \pi \dfrac{m_s m_u}{m_s + m_u} + \omega \\[2mm] k_s > \nu \\[2mm] k_p > \dfrac{1}{2}\pi k_d \\[2mm] k_d \geqslant \dfrac{\pi^2 \lambda m_s m_u}{(2-\lambda)(m_s + m_u)}\left(1 + \sqrt{\dfrac{2V(t)(m_s + m_u)}{(1-2\lambda)m_s m_u}}\right)^2 \\[4mm] \dfrac{2k_p}{\pi} + \dfrac{2k_d}{\pi} + k_s \operatorname{sgn}(s) + \bar{m}\left\{\max\left(|\gamma_1|,\ |\gamma_2|\right)\right\} \leqslant u_{\max} \end{cases} \tag{3.13}$$

其中，$\omega \in \mathbb{R}^+$ 将在稍后定义。

3.2.3　稳定性和状态收敛性证明

首先，引入以下李雅普诺夫候选函数 $V(t)$：

$$\begin{aligned} V(t) = {} & \frac{1}{2}\frac{m_s m_u}{m_s + m_u}\dot{e}_1^2 + \frac{2k_p}{\pi}\left[e_1 \arctan e_1 - \frac{1}{2}\ln\left(1 + e_1^2\right)\right] \\ & + 2\lambda\frac{m_s m_u}{m_s + m_u}\dot{e}_1 \arctan \dot{e}_1 \end{aligned} \tag{3.14}$$

紧接着，将证明以上函数是非负的。为此，整理式(3.14)的第二项可得

$$\begin{aligned} & \frac{2k_p}{\pi}\left[e_1 \arctan e_1 - \frac{1}{2}\ln\left(1 + e_1^2\right)\right] \\ = {} & \frac{2(k_p - \omega) + 2\omega}{\pi}\left[e \arctan e_1 - \frac{1}{2}\ln\left(1 + e_1^2\right)\right] \\ \geqslant {} & \frac{k_p - \omega}{\pi}\arctan^2 e_1 + \frac{2\omega}{\pi}\left[e \arctan e_1 - \frac{1}{2}\ln\left(1 + e_1^2\right)\right] \end{aligned} \tag{3.15}$$

其中，$0 < \omega \ll k_p$ 为一个正数，在推导过程中，使用了 $2\left[e_1 \arctan e_1 - \dfrac{1}{2}\ln\left(1 + e_1^2\right)\right]$ $\geqslant \arctan^2 e_1$ 的性质[99]。

与此同时，计算式(3.14)的最后一项为

$$2\lambda\frac{m_s m_u}{m_s + m_u}\dot{e}_1 \arctan \dot{e}_1 \geqslant -\lambda\frac{m_s m_u}{m_s + m_u}\dot{e}_1^2 - \lambda\frac{m_s m_u}{m_s + m_u}\arctan^2 \dot{e}_1 \tag{3.16}$$

将式 (3.16) 以及式 (3.15) 代入式 (3.14)，可得

$$
\begin{aligned}
V(t) = & \frac{1}{2}\frac{m_{\mathrm{s}}m_{\mathrm{u}}}{m_{\mathrm{s}}+m_{\mathrm{u}}}\dot{e}_1^2 + \frac{2k_{\mathrm{p}}}{\pi}\left[e_1\arctan e_1 - \frac{1}{2}\ln\left(1+e_1^2\right)\right] \\
& + 2\lambda\frac{m_{\mathrm{s}}m_{\mathrm{u}}}{m_{\mathrm{s}}+m_{\mathrm{u}}}\dot{e}_1\arctan\dot{e}_1 \\
\geqslant & \frac{1}{2}\frac{m_{\mathrm{s}}m_{\mathrm{u}}}{m_{\mathrm{s}}+m_{\mathrm{u}}}(1-2\lambda)\dot{e}_1^2 + \left(\frac{k_{\mathrm{p}}-\omega}{\pi}-\lambda\frac{m_{\mathrm{s}}m_{\mathrm{u}}}{m_{\mathrm{s}}+m_{\mathrm{u}}}\right)\arctan^2 e_1 \\
& + \frac{2\omega}{\pi}\left[e_1\arctan e_1 - \frac{1}{2}\ln\left(1+e_1^2\right)\right]
\end{aligned}
\tag{3.17}
$$

由式 (3.13) 不难得出李雅普诺夫候选函数 $V(t)$ 是非负的，即

$$
V(t) \geqslant 0 \tag{3.18}
$$

结合式 (3.7)、式 (3.10) 及式 (3.14) 的结论，可得

$$
\begin{aligned}
\dot{V}(t) = & \frac{m_{\mathrm{s}}m_{\mathrm{u}}}{m_{\mathrm{s}}+m_{\mathrm{u}}}\dot{e}_1\ddot{e}_1 + \frac{2k_{\mathrm{p}}}{\pi}\dot{e}_1\arctan e_1 + 2\lambda\frac{m_{\mathrm{s}}m_{\mathrm{u}}}{m_{\mathrm{s}}+m_{\mathrm{u}}}\ddot{e}_1\arctan e_1 \\
& + 2\lambda\frac{m_{\mathrm{s}}m_{\mathrm{u}}}{m_{\mathrm{s}}+m_{\mathrm{u}}}\frac{\dot{e}_1^2}{1+\dot{e}_1^2} \\
= & \dot{e}_1\left(\Gamma_1 - \overline{m}\ddot{z}_{\mathrm{ed}} + u(t)\right) + \frac{2k_{\mathrm{p}}}{\pi}\dot{e}_1\arctan e_1 \\
& + 2\lambda\arctan e_1\left(\Gamma_1 - \overline{m}\ddot{z}_{\mathrm{ed}} + u(t)\right) + 2\lambda\frac{m_{\mathrm{s}}m_{\mathrm{u}}}{m_{\mathrm{s}}+m_{\mathrm{u}}}\frac{\dot{e}_1^2}{1+\dot{e}_1^2} \\
= & \dot{e}_1\left(-\frac{2k_{\mathrm{p}}}{\pi}\arctan e_1 - \frac{2k_{\mathrm{d}}}{\pi}\arctan\dot{e}_1 - k_{\mathrm{s}}\,\mathrm{sgn}(s) + \Gamma_1\right) \\
& + 2\lambda\arctan e_1\left(\begin{array}{l}-\dfrac{2k_{\mathrm{p}}}{\pi}\arctan e_1 - \dfrac{2k_{\mathrm{d}}}{\pi}\arctan\dot{e}_1 \\ -k_{\mathrm{s}}\,\mathrm{sgn}(s) + \Gamma_1\end{array}\right) \\
& + 2\lambda\frac{m_{\mathrm{s}}m_{\mathrm{u}}}{m_{\mathrm{s}}+m_{\mathrm{u}}}\frac{\dot{e}_1^2}{1+\dot{e}_1^2} + \frac{2k_{\mathrm{p}}}{\pi}\dot{e}\arctan e_1 \\
= & -\frac{2k_{\mathrm{d}}}{\pi}\dot{e}_1\arctan\dot{e}_1 - \frac{4\lambda k_{\mathrm{p}}}{\pi}\arctan^2 e_1 \\
& - \frac{4\lambda k_{\mathrm{d}}}{\pi}\arctan e_1\arctan\dot{e}_1 \\
& + 2\lambda\frac{m_{\mathrm{s}}m_{\mathrm{u}}}{m_{\mathrm{s}}+m_{\mathrm{u}}}\frac{\dot{e}_1^2}{1+\dot{e}_1^2} + s\left(\Gamma_1 - k_{\mathrm{s}}\,\mathrm{sgn}(s)\right)
\end{aligned}
\tag{3.19}
$$

接下来，将讨论 $s\left(\Gamma_1 - k_s\,\mathrm{sgn}(s)\right)$ 的符号。由式(3.13)不难得到：

$$
\begin{aligned}
s\left(\Gamma_1 - k_s\,\mathrm{sgn}(s)\right) &= s\Gamma_1 - k_s\,|s| \\
&\leqslant |s|\,\Gamma_1 - k_s\,|s| \\
&= |s|\left(\Gamma_1 - k_s\right) \\
&\leqslant 0
\end{aligned}
\tag{3.20}
$$

除此之外，式(3.19)的第三项可计算为

$$
-\frac{4\lambda k_d}{\pi}\arctan e_1 \arctan \dot{e}_1 \leqslant 2\lambda k_d \arctan^2 e_1 + \frac{2\lambda k_d}{\pi^2}\arctan^2 \dot{e}_1
\tag{3.21}
$$

随后，利用 $\dot{e}\arctan\dot{e} \geqslant \dfrac{2}{\pi}\arctan^2\dot{e}$ 的性质，式(3.19)的第一项可简化为

$$
-\frac{2k_d}{\pi}\dot{e}_1 \arctan \dot{e}_1 \leqslant -\frac{4k_d}{\pi^2}\arctan^2 \dot{e}_1
\tag{3.22}
$$

由于 $\dfrac{1}{1+\dot{e}^2} \leqslant 1$，那么式(3.19)的第四项可计算为

$$
2\lambda\frac{m_s m_u}{m_s + m_u}\frac{\dot{e}_1^2}{1+\dot{e}_1^2} \leqslant 2\lambda\frac{m_s m_u}{m_s + m_u}\dot{e}_1^2
\tag{3.23}
$$

将式(3.20)～式(3.23)代入式(3.19)，可得

$$
\begin{aligned}
\dot{V}(t) &\leqslant -\frac{4k_d}{\pi^2}\arctan^2 \dot{e}_1 - \frac{4k_p\lambda}{\pi}\arctan^2 e_1 + 2k_d\lambda \arctan^2 e_1 \\
&\quad + \frac{2k_d\lambda}{\pi^2}\arctan^2 \dot{e}_1 + 2\lambda\frac{m_s m_u}{m_s + m_u}\dot{e}_1^2 \\
&= -\left(\frac{4k_d - 2k_d\lambda}{\pi^2}\right)\arctan^2 \dot{e}_1 + 2\lambda\frac{m_s m_u}{m_s + m_u}\dot{e}_1^2 \\
&\quad - \left(\frac{4k_p\lambda}{\pi} - 2k_d\lambda\right)\arctan^2 e_1
\end{aligned}
\tag{3.24}
$$

由式(3.13)及式(3.24)可知，若以下不等式成立：

$$-\left(\frac{4k_{\mathrm{d}}-2k_{\mathrm{d}}\lambda}{\pi^2}\right)\arctan^2\dot{e}_1 + 2\lambda\frac{m_{\mathrm{s}}m_{\mathrm{u}}}{m_{\mathrm{s}}+m_{\mathrm{u}}}\dot{e}_1^2 \leqslant 0 \tag{3.25}$$

那么，不难得到 $\dot{V}(t)\leqslant 0$。

为证明式(3.25)，考虑如下两种情况。

(1) $\dot{e}=0$。这种情况下，式(3.25)始终成立。

(2) $\dot{e}\neq 0$。这种情况下，式(3.25)可整理为

$$\frac{\dot{e}_1^2}{\arctan^2\dot{e}_1} \leqslant \frac{(2-\lambda)k_{\mathrm{d}}\left(m_{\mathrm{s}}+m_{\mathrm{u}}\right)}{\pi^2\lambda m_{\mathrm{s}}m_{\mathrm{u}}} \tag{3.26}$$

由文献[99]可知以下结论：

$$\frac{\dot{e}_1^2}{\arctan^2\dot{e}_1} \leqslant \left(1+|\dot{e}_1|\right)^2 \tag{3.27}$$

为保证式(3.26)始终成立，一个充分条件是选择 k_{d} 使得

$$\frac{(2-\lambda)k_{\mathrm{d}}\left(m_{\mathrm{s}}+m_{\mathrm{u}}\right)}{\pi^2\lambda m_{\mathrm{s}}m_{\mathrm{u}}} \geqslant \left(1+|\dot{e}_1|\right)^2 \tag{3.28}$$

由式(3.13)及式(3.17)，不难得出

$$V(t) \geqslant \frac{1}{2}\frac{m_{\mathrm{s}}m_{\mathrm{u}}}{m_{\mathrm{s}}+m_{\mathrm{u}}}(1-2\lambda)\dot{e}_1^2 \tag{3.29}$$

由式(3.19)可直接得出

$$\dot{e}_1^2 \leqslant \frac{2V\left(m_{\mathrm{s}}+m_{\mathrm{u}}\right)}{(1-2\lambda)m_{\mathrm{s}}m_{\mathrm{u}}} \Rightarrow |\dot{e}_1| \leqslant \sqrt{\frac{2V\left(m_{\mathrm{s}}+m_{\mathrm{u}}\right)}{(1-2\lambda)m_{\mathrm{s}}m_{\mathrm{u}}}} \tag{3.30}$$

将式(3.30)代入式(3.28)，有

$$\frac{(2-\lambda)k_{\mathrm{d}}\left(m_{\mathrm{s}}+m_{\mathrm{u}}\right)}{\pi^2\lambda m_{\mathrm{s}}m_{\mathrm{u}}} \geqslant \left[1+\sqrt{\frac{2V\left(m_{\mathrm{s}}+m_{\mathrm{u}}\right)}{(1-2\lambda)m_{\mathrm{s}}m_{\mathrm{u}}}}\right]^2$$

$$\Rightarrow k_{\mathrm{d}} \geqslant \frac{\pi^2\lambda m_{\mathrm{s}}m_{\mathrm{u}}}{(2-\lambda)\left(m_{\mathrm{s}}+m_{\mathrm{u}}\right)}\left[1+\sqrt{\frac{2V\left(m_{\mathrm{s}}+m_{\mathrm{u}}\right)}{(1-2\lambda)m_{\mathrm{s}}m_{\mathrm{u}}}}\right]^2 \tag{3.31}$$

若式(3.31)成立，则式(3.24)可重写为

$$\dot{V}(t) \leqslant -\alpha_1 \arctan^2 \dot{e}_1 - \alpha_2 \arctan^2 e_1 \tag{3.32}$$

其中，α_1、$\alpha_2 \in \mathbb{R}^+$ 为两个正数，表明所控系统为李雅普诺夫稳定的[71]，并且有以下结论成立：

$$V(t) \in L_\infty \Rightarrow e_1, \dot{e}_1 \in L_\infty \Rightarrow s, u \in L_\infty \tag{3.33}$$

以及

$$\lim_{t\to\infty} e_1 = 0, \quad \lim_{t\to\infty} \dot{e}_1 = 0 \Rightarrow \lim_{t\to\infty} z_e = z_{ed}, \quad \lim_{t\to\infty} \dot{z}_e = \dot{z}_{ed} \tag{3.34}$$

由式(3.10)，易得

$$\begin{aligned} u(t) &= -\frac{2k_p}{\pi}\arctan e_1 - \frac{2k_d}{\pi}\arctan \dot{e}_1 - k_s \operatorname{sgn}(s) + \bar{m}\ddot{z}_{ed} \\ &\leqslant \frac{2k_p}{\pi} + \frac{2k_d}{\pi} + k_s + \bar{m}\left(\max\left(|\gamma_1|, |\gamma_2|\right)\right) \\ &\leqslant u_{max} \end{aligned} \tag{3.35}$$

由式(3.34)以及式(3.35)的结果可知定理 3.1 得证。

备注 3.1　为保证所设计控制方法的连续性，将式(3.10)修改为

$$u(t) = -\frac{2k_p}{\pi}\arctan e_1 - \frac{2k_d}{\pi}\arctan \dot{e}_1 - k_s \tanh s + \bar{m}\ddot{z}_{ed} \tag{3.36}$$

3.2.4　实验结果分析

为进一步验证本章所提控制方法的实际控制性能以及节能效果，将在一个四分之一主动式悬架平台上进行几组实验，实验平台见图 2.3，其模型参数的名义值见表 2.1。仿生非线性参考模型参数如表 2.2 所示。主动式悬架系统状态的初始值设置为 0。

四分之一主动式悬架系统的主要扰动来自垂直方向上的悬架的路面输入。因此，本节使用两种常用的路面输入，一种是正弦路面，另一种是随机路面，分别见图 2.4 及图 2.5。

为了更好地比较，考虑如下三种情形。

情形 1：被动式悬架系统。

情形 2：ESOT 控制方法。

情形 3：本章所提控制方法 [式 (3.36)]。

表 3.1 给出了各类主动控制方法的控制增益。

表 3.1　各类主动控制方法的控制增益

控制方法	控制增益
ESOT 控制方法	$b_0 = 0.4$, $w_0 = 150$, $k_1 = 20$, $k_2 = 20$
本章所提控制方法	$k_p = 50$, $k_d = 50$, $k_s = 10$, $\lambda = 20$

所提出的悬架系统的控制方法还应满足减少汽车振动和改善驾乘舒适性的要求，其中驾乘舒适性与车身的加速度密切相关。因此图 3.1 和图 3.2 分别给出了被动式悬架系统、ESOT 控制方法以及本章所提控制方法在正弦路面和随机路面激励下时域和频域中的车体加速度的响应以及三种悬架系统的对比结果。表 3.2 总结了两种不同路面输入下的车体加速度的均方根。从图 3.1

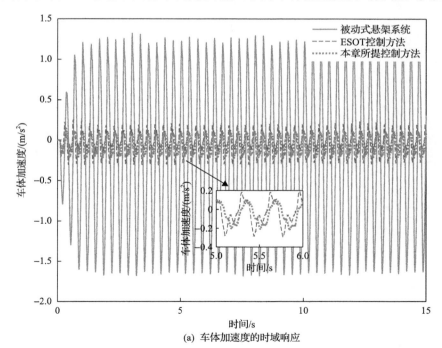

(a) 车体加速度的时域响应

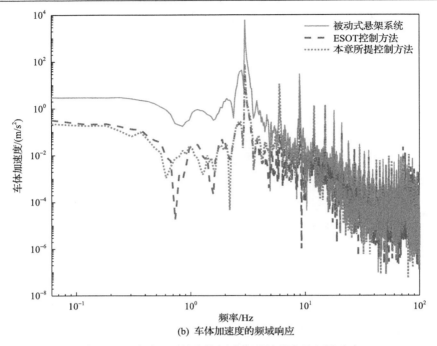

(b) 车体加速度的频域响应

图 3.1   正弦路面下的车体加速度时域响应及频域响应

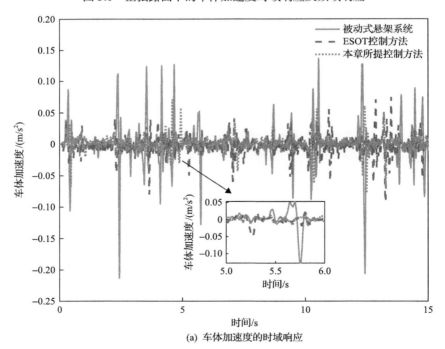

(a) 车体加速度的时域响应

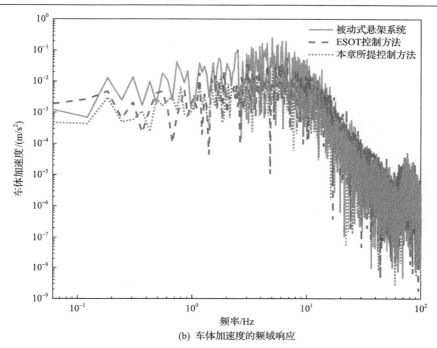

(b) 车体加速度的频域响应

图 3.2　随机路面下的车体加速度时域响应及频域响应

和图 3.2 可以明确地看出，就峰值而言，与被动式悬架系统相比，ESOT 控制方法以及本章所提控制方法显著增强了悬架系统性能。同时这也表明 ESOT 控制方法以及本章所提控制方法可以有效地隔离模型参数不确定性以及外部扰动引起的振动。结果表明，本章所提出的控制律是一个有效的技术，可用于提高悬架系统的整体性能。从表 3.2 中可以看出，相比于被动式悬架系统，使用本章所提控制方法，驾乘舒适性可以显著提高，因为加速度的 RMS 值大幅降低了。

表 3.2　不同路面输入下车体加速度的均方根　　　　（单位：m/s^2）

控制方法	正弦路面	随机路面
被动式悬架系统	0.9629	0.0291
ESOT 控制方法	0.1355 (↓85.93%)	0.0153 (↓47.42%)
本章所提控制方法	0.0907 (↓90.58%)	0.0141 (↓51.55%)

图 3.3 及 3.4 显示控制输入的曲线。同时，为了评估不同主动式控制方法

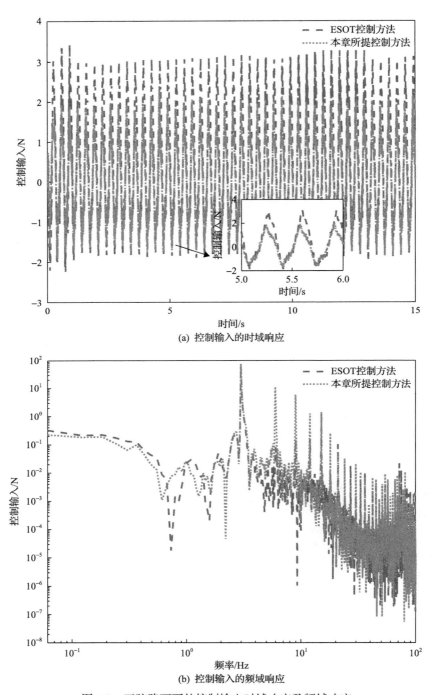

(a) 控制输入的时域响应

(b) 控制输入的频域响应

图 3.3　正弦路面下的控制输入时域响应及频域响应

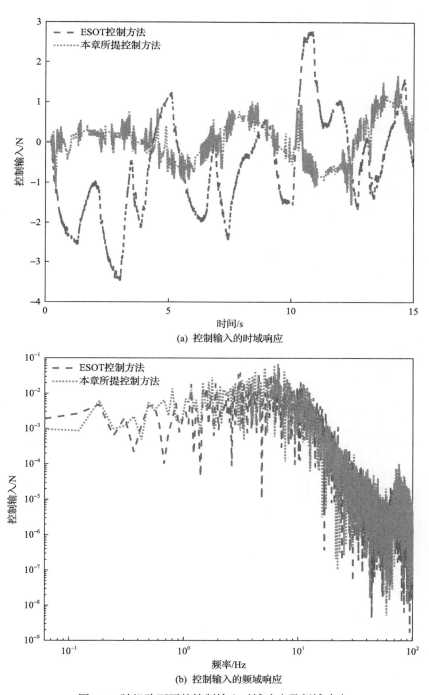

(a) 控制输入的时域响应

(b) 控制输入的频域响应

图 3.4　随机路面下的控制输入时域响应及频域响应

之间的能量消耗，执行器的功率消耗通过执行器输出力 $u(t)$ 和它运行速度 $\dot{z}_s - \dot{z}_u$ 所产生的正机械功率的均方根来量化，如式(2.9)给出的计算方法，它为能量消耗分析提供了合适的工具。表 3.3 显示了主动式悬架系统能量消耗均方根。可以看出，在相似的乘坐舒适条件下，与传统的 ESOT 控制方法相比，本章所提控制方法具有较小的功率消耗。这些结果表明了本章所提控制方法的有效性。

表 3.3　不同路面下能量消耗的均方根　　　　　（单位：W）

控制方法	正弦路面	随机路面
ESOT 控制方法	0.0261	0.0033
本章所提控制方法	0.0181 (↓30.65%)	0.0011 (↓66.67%)

　　由图 3.5 和图 3.6 可知，被动式悬架系统、ESOT 控制方法和本章所提控制方法的悬架行程和轮胎行程都在可接受的范围内。

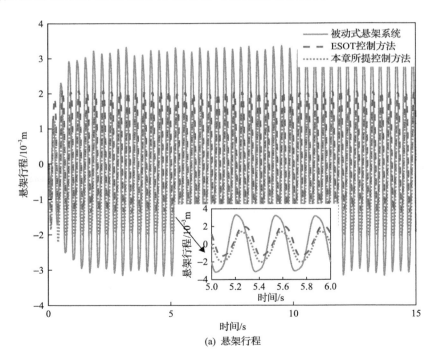

(a) 悬架行程

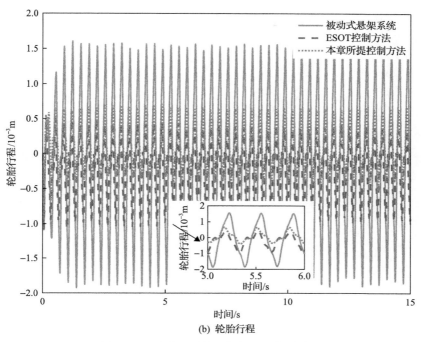

(b) 轮胎行程

图 3.5　正弦路面下的悬架行程及轮胎行程

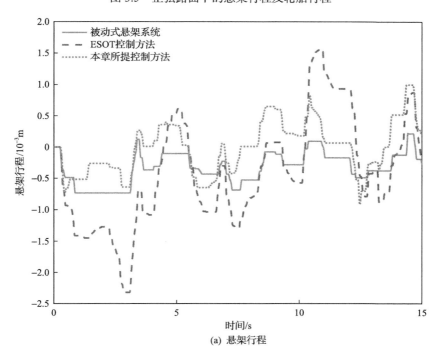

(a) 悬架行程

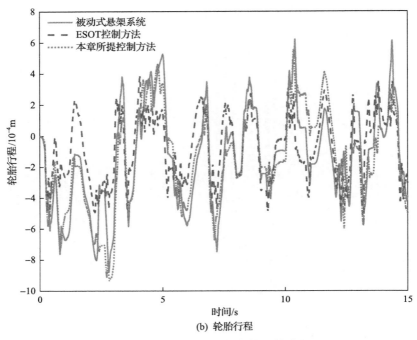

(b) 轮胎行程

图 3.6　随机路面下的悬架行程及轮胎行程

第4章　基于有益扰动的切换饱和跟踪控制方法

4.1　引　　言

现有针对主动式悬架系统的控制方法均将扰动视为"坏"的元素，故对其采取直接消除的措施。事实上，扰动对主动式悬架系统存在"好"的一面，也有"坏"的一面[100, 101]，针对扰动影响的研究还有待深入，是非常值得进一步探索的。当然，消除"坏"的扰动这一点是毫无疑问的，但同样消除"好"的扰动是有待商榷的。值得注意的是，扰动特性是不断变化的，所以在控制器设计中不可能固定对扰动进行利用或者抵消，而应该根据扰动效应指标对扰动特性进行实时判断，进而决定对扰动的操作，所以控制器必然会有切换动作发生，而正是基于扰动效应指标的符号触发这种切换，所以在控制器设计中必然会引入对扰动效应指标的判断。除此之外，实际主动式悬架的执行机构只能输出有限的力/力矩，而现有控制方法大多未考虑饱和输入等不利因素的影响，因此需要将设计的控制输入限制在允许范围内，避免执行器的饱和。

针对上述具有挑战性的问题，本章提出了一种新颖的基于有益扰动的切换饱和跟踪控制(SLSTC)方法。具体来说，通过充分利用一种新颖的仿生 X 型参考模型中包含的有益非线性刚度和阻尼特性，可以轻松获得车辆悬架的优良抗振性能，与此同时，降低控制能耗的成本。通过引入扰动效应指标判定扰动效应对主动式悬架影响的好坏。此外，利用扰动观测器来估计未知/不确定扰动，并利用饱和函数保证控制输入始终在允许范围内。最后，通过实验验证了所提控制方案的控制性能以及节能效果。本章研究的主要优点可概述如下。

(1)从独特的角度将估计的扰动(通过一个非线性扰动观测器获得)引入到控制器的设计中，并基于扰动效应的评估，采用切换逻辑方法抵消或保留这些估计的扰动，从而提高系统的暂态控制性能。

(2)同时考虑驱动器饱和以及未知/不确定扰动的问题。具体来说，将输出反馈信号合并到饱和函数(arctan(•) 和 sgn(•))中，以确保控制输入始终保持在允许范围内。此外，所构造的非线性扰动观测器可以很好地解决实际应用中难以得到精确系统参数、外部扰动的问题。

（3）所设计控制器结构简单，可方便地应用于实际工程中。

4.2　主　要　结　果

4.2.1　非线性扰动观测器设计

系统模型参见 3.2.1 节。

为便于接下来的分析，引入如下的滤波信号：

$$s_1 = e_1 + \lambda_1 \dot{e}_1 \tag{4.1}$$

其中，$\lambda_1 \in \mathbb{R}^+$ 为正的控制增益。

不难得到

$$\frac{m_s m_u}{m_s + m_u} \ddot{e}_1 = \Delta_1 + u(t) - \frac{m_s m_u}{m_s + m_u} \ddot{z}_{ed} \tag{4.2}$$

将式（4.1）代入式（4.2），不难得到

$$\begin{aligned} \frac{m_s m_u}{m_s + m_u} \dot{s}_1 &= \frac{m_s m_u}{m_s + m_u} \dot{e}_1 + \lambda_1 \frac{m_s m_u}{m_s + m_u} \ddot{e}_1 \\ &= \frac{m_s m_u}{m_s + m_u} \dot{e}_1 + \lambda_1 \left(\Delta_1 + u(t) - \frac{m_s m_u}{m_s + m_u} \ddot{z}_{ed} \right) \end{aligned} \tag{4.3}$$

然而，在实际应用中，簧上质量会随着乘客或者货物的不同而变化，此外，簧下质量也通常是不确定的。因此，引入辅助函数 $\bar{m}$，并将式（4.3）整理为

$$\begin{aligned} \bar{m}\dot{s} &= \lambda_1 \left(\Delta_1 + u(t) - \bar{m}\ddot{z}_{ed} \right) + \frac{m_s m_u}{m_s + m_u} \dot{e}_1 + \left(\bar{m} - \frac{m_s m_u}{m_s + m_u} \right) \dot{s}_1 + \left(\bar{m} - \frac{m_s m_u}{m_s + m_u} \right) \ddot{z}_{ed} \\ &= \Delta + \lambda_1 \left(u(t) - \bar{m}\ddot{z}_{ed} \right) \end{aligned} \tag{4.4}$$

其中，$\bar{m} = \dfrac{\bar{m}_s \bar{m}_u}{\bar{m}_s + \bar{m}_u}$，$\bar{m}_s$ 和 $\bar{m}_u$ 分别为簧上质量和簧下质量的名义值；未知的

集合扰动 Δ 的表达式为

$$\Delta = \lambda_1\Delta_1 + \frac{m_s m_u}{m_s + m_u}\dot{e}_1 + \left(\bar{m} - \frac{m_s m_u}{m_s + m_u}\right)\dot{s}_1 + \left(\bar{m} - \frac{m_s m_u}{m_s + m_u}\right)\ddot{z}_{ed} \tag{4.5}$$

假设 4.1　时变的集合扰动 Δ 是有界的，可写为

$$|\Delta| \leqslant \lambda_p, \quad |\dot{\Delta}| \leqslant \lambda_d \tag{4.6}$$

其中，λ_p 和 λ_d 分别为 Δ 和 $\dot{\Delta}$ 的上界。

接下来，考虑到观测器的目标，引入集合扰动的观测误差：

$$\tilde{\Delta} = \Delta - \hat{\Delta} \tag{4.7}$$

其中，$\hat{\Delta}$ 为 Δ 的在线估计。

接下来，基于式(4.4)的结构，构造如下形式的非线性扰动观测器：

$$\hat{\Delta} = q_1 + q_2 \tag{4.8}$$

$$\dot{q}_1 = -Lq_1 - L\left[q_2 + \lambda_1\left(u(t) - \bar{m}\ddot{z}_{ed}\right)\right] \tag{4.9}$$

$$q_2 = L\bar{m}s_1 \tag{4.10}$$

其中，$L \in \mathbb{R}^+$ 为正的观测增益；q_1 和 q_2 为引入的两个辅助函数。

定理 4.1　在非线性扰动观测器[式(4.8)～式(4.10)]的作用下，$\hat{\Delta}$ 以及观测误差 $\tilde{\Delta}$ 始终限定在如下范围内：

$$|\hat{\Delta}| \leqslant \varepsilon_p, \quad |\tilde{\Delta}| \leqslant \varepsilon_d \tag{4.11}$$

其中，$\varepsilon_p = |\hat{\Delta}(0)| + \lambda_p$ 及 $\varepsilon_d = |\tilde{\Delta}(0)| + \dfrac{\lambda_d}{L}$ 分别代表 $\hat{\Delta}$ 及 $\tilde{\Delta}$ 的上界，$\hat{\Delta}(0)$ 和 $\tilde{\Delta}(0)$ 分别表示 $\hat{\Delta}$ 和 $\tilde{\Delta}$ 的初始值。

证明　对式(4.8)两端关于时间求导，并代入式(4.4)、式(4.9)、式(4.10)的结果，得

$$\begin{aligned}
\dot{\hat{\Delta}} &= \dot{q}_1 + \dot{q}_2 \\
&= -Lq_1 - L\big[q_2 + \lambda_1\big(u(t) - \bar{m}\ddot{z}_{\mathrm{ed}}\big)\big] + L\big[\Delta + \lambda_1\big(u(t) - \bar{m}\ddot{z}_{\mathrm{ed}}\big)\big] \\
&= -L\hat{\Delta} + L\Delta
\end{aligned} \tag{4.12}$$

对式(4.12)进行积分，可得

$$\begin{aligned}
\hat{\Delta} &= \hat{\Delta}(0)\mathrm{e}^{-Lt} + \mathrm{e}^{-Lt}\int_0^t L\Delta\mathrm{e}^{Ls}\mathrm{d}s \\
&\leqslant \hat{\Delta}(0)\mathrm{e}^{-Lt} + \mathrm{e}^{-Lt}L\lambda_{\mathrm{p}}\int_0^t \mathrm{e}^{Ls}\mathrm{d}s \\
&\leqslant \hat{\Delta}(0)\mathrm{e}^{-Lt} + \lambda_{\mathrm{p}} \\
&\Rightarrow \big|\hat{\Delta}\big| \leqslant \big|\hat{\Delta}(0)\big| + \lambda_{\mathrm{p}} \\
&\qquad\quad \leqslant \varepsilon_{\mathrm{p}}
\end{aligned} \tag{4.13}$$

其中，在推导过程中利用了式(4.11)的结论。

由式(4.12)易得

$$\dot{\tilde{\Delta}} = -L\tilde{\Delta} + \dot{\Delta} \tag{4.14}$$

同理，对式(4.14)进行，不难得到

$$\begin{aligned}
\tilde{\Delta} &= \tilde{\Delta}(0)\mathrm{e}^{-Lt} + \mathrm{e}^{-Lt}\int_0^t \dot{\Delta}\mathrm{e}^{Ls}\mathrm{d}s \\
&\leqslant \tilde{\Delta}(0)\mathrm{e}^{-Lt} + \mathrm{e}^{-Lt}\lambda_{\mathrm{d}}\int_0^t \mathrm{e}^{Ls}\mathrm{d}s \\
&\leqslant \tilde{\Delta}(0)\mathrm{e}^{-Lt} + \frac{\lambda_{\mathrm{d}}}{L} \\
&\Rightarrow \big|\tilde{\Delta}\big| \leqslant \big|\tilde{\Delta}(0)\big| + \frac{\lambda_{\mathrm{d}}}{L} \\
&\qquad\quad \leqslant \varepsilon_{\mathrm{d}}
\end{aligned} \tag{4.15}$$

结合式(4.13)及式(4.15)的结论可知定理 4.1 得证。

4.2.2　扰动性能指标

如果时变集合扰动 Δ 的符号与期望运动的方向一致，则 Δ 可能具有改善控制性能的能力[100, 101]。因此，研究扰动效应与系统控制性能/稳定性之间的关系具有很重要的意义。受文献[100]启发,给出如下定义。

定义 4.1　针对四分之一主动式悬架系统,构造扰动效应指标如下:

$$\Gamma = \mathrm{sgn}\left(e_1 \hat{\Delta}\right) \tag{4.16}$$

基于引入的扰动效应指标,定义扰动效应为:$\Gamma = 1$,扰动效应是坏的;$\Gamma = -1$,扰动效应是好的;$\Gamma = 0$,扰动效应为 0。

可用定义 4.1 评估扰动对主动式悬架系统的影响。与其他鲁棒控制方法不同的是,当好的扰动出现时,本章所提控制方法会充分利用这个扰动而不是直接消除它。因此,在设计的控制方法中引入扰动效应指标是很必要的。

备注 4.1　注意到本章的扰动效应指标是基于估计的扰动 $\hat{\Delta}$ 设计的,而不是实际的扰动 Δ。并且,接下来的控制器设计以及稳定性分析也是基于估计的扰动 $\hat{\Delta}$ 进行的。这是由于真实的扰动 Δ 在实际应用中是不确定/未知的。不过即使在某个时间段估计的扰动符号与真实的不一致,所设计的控制器仍可很好地工作。

4.2.3　基于有益扰动的切换饱和跟踪控制器设计及稳定性分析

考虑如下的正定函数:

$$V(t) = \frac{1}{2}\bar{m}s_1^2 \tag{4.17}$$

求式(4.17)的一阶时间导数,并结合式(4.4)的结论,不难得出

$$\begin{aligned}\dot{V} &= \bar{m}s_1\dot{s}_1 \\ &= s_1\left[\Delta + \lambda_1\left(u(t) - \bar{m}\ddot{z}_{\mathrm{ed}}\right)\right]\end{aligned} \tag{4.18}$$

基于式(4.18)的结构,构造如下形式的基于有益扰动的切换饱和跟踪控制方法:

$$u(t) = -\frac{2k_{\mathrm{p}}}{\pi}\arctan s_1 - k_{\mathrm{s}}\,\mathrm{sgn}\left(s_1\right) + \bar{m}\ddot{z}_{\mathrm{ed}} - \frac{\hat{\Delta}}{\lambda_1}H(\Gamma) \tag{4.19}$$

其中,k_{p}、$k_{\mathrm{s}} \in \mathbb{R}^+$ 为正的控制增益;$H(\Gamma)$ 表示如下的逻辑函数:

$$H(\Gamma) = \begin{cases} 1, & \Gamma \geqslant 0 \\ 0, & \Gamma < 0 \end{cases} \tag{4.20}$$

为更好地理解控制器设计的全过程，本节给出了整个控制系统的设计流程图，如图 4.1 所示。

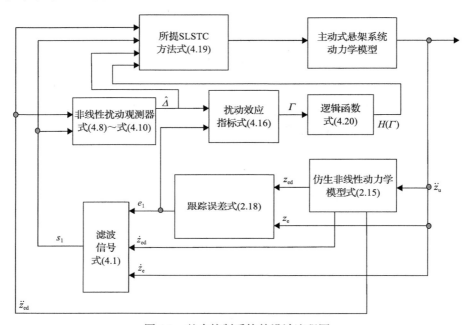

图 4.1　整个控制系统的设计流程图

定理 4.2　针对四分之一主动式悬架系统，所设计的控制器式(4.19)可保证悬架行程 z_e 准确跟踪上期望轨迹 z_{ed}，且控制输入 $u(t)$ 始终保持在允许范围内，即

$$\lim_{t \to \infty}\begin{bmatrix} e_1 & \dot{e}_1 \end{bmatrix}^{\mathrm{T}} = \begin{bmatrix} 0 & 0 \end{bmatrix}^{\mathrm{T}}, \quad |u| < u_{\max} \tag{4.21}$$

其中，$u_{\max}$ 为已知的最大允许力，各控制增益需满足以下条件：

$$\begin{cases} k_s > \varepsilon_d + \varepsilon_p \\ k_p + k_s + \bar{m}\max\left(|\gamma_1|, |\gamma_2|\right) + \dfrac{\varepsilon_p}{\lambda_1} < u_{\max} \end{cases} \tag{4.22}$$

其中，γ_1 和 γ_2 的定义参考 3.2.1 节。

证明　将式(4.19)代入式(4.18)，可得

$$
\begin{aligned}
\dot{V} &= s_1\left[\lambda_1\left(-\frac{2k_p}{\pi}\arctan s_1 - k_s\,\mathrm{sgn}(s_1)\right) + \Delta - \hat{\Delta}H(\Gamma)\right] \\
&= -\frac{2k_p\lambda_1}{\pi}s_1\arctan s_1 - \lambda_1 k_s|s_1| + s_1\left[\tilde{\Delta} + \hat{\Delta}(1 - H(\Gamma))\right] \\
&\leqslant -\frac{2k_p\lambda_1}{\pi}s_1\arctan s_1 - \left(\lambda_1 k_s - \varepsilon_d - \varepsilon_p\right)|s_1| \\
&\leqslant -\frac{2k_p\lambda_1}{\pi}s_1\arctan s_1 \\
&\leqslant 0
\end{aligned}
\tag{4.23}
$$

其中，在推导过程中使用了式(4.22)的结论。

由于李雅普诺夫候选函数 $V(t)$ 是正定的，且其关于时间的导数是负定的，那么基于有益扰动的切换饱和跟踪控制方法式(4.19)的四分之一主动式悬架系统是李雅普诺夫稳定的[71]，且滤波信号 s_1 收敛于 0，即

$$
\lim_{t\to\infty} s_1 = 0
\tag{4.24}
$$

当 $s_1 = 0$ 时，由式(4.1)可得

$$
e_1 + \lambda_1\dot{e}_1 = 0
\tag{4.25}
$$

求解式(4.25)，可得

$$
e_1 = c_1 \mathrm{e}^{-\frac{1}{\lambda_1}t}, \quad \dot{e}_1 = -\frac{1}{\lambda_1}c_1 \mathrm{e}^{-\frac{1}{\lambda_1}t} \to \lim_{t\to\infty} e_1 = 0, \quad \lim_{t\to\infty}\dot{e}_1 = 0
\tag{4.26}
$$

其中，c_1 为任一常数。

此外，由于 $-\dfrac{\pi}{2} < \arctan(\cdot) < \dfrac{\pi}{2}$，$\mathrm{sgn}(\cdot) \leqslant 1$，不难得出式(4.21)中 $u(t)$ 的约束是始终有效的。

综上所述，定理 4.2 得证。

备注 4.2　为避免抖振现象，引入双曲正切函数 $\tanh(\cdot)$ 替代符号函数 $\mathrm{sgn}(\cdot)$，式(4.19)可进一步修改为

$$u(t) = -\frac{2k_{\mathrm{p}}}{\pi}\arctan s_1 - k_{\mathrm{s}}\tanh s_1 + \bar{m}\ddot{z}_{\mathrm{ed}} - \frac{\hat{\varDelta}}{\lambda_1}H(\varGamma) \qquad (4.27)$$

4.3 实验结果分析

实验在实验室中的主动式悬架装置上进行(图 2.3),用它来模拟四分之一主动式悬架系统。设计跟踪控制器的目的是将车身与路面扰动隔离,并抑制传递到簧上质量(顶板)的加速度能量。

众所周知,车辆系统的振动和噪声通常来自于路面的不规则性。具体来说,振动通常是由持续的激振引起的,即粗糙的道路。在实践中,这种确定类型的路面进行模拟和物理测试,如随机路面(图 2.5)、正弦路面(图 4.2),已经足够用于验证。

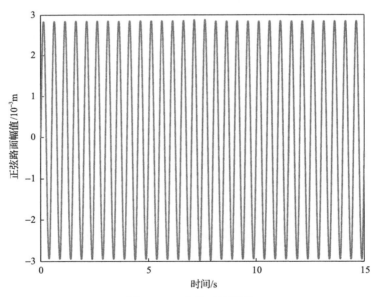

图 4.2　正弦路面的图形

为了更好地比较,考虑如下三种情形。

情形 1:被动式悬架系统。

情形 2:ESOT 控制方法。

情形 3:本章所设计跟踪控制方法[式(4.19)]。

本章所设计跟踪控制方法和 ESOT 控制方法的控制增益通过仔细调整，在表 4.1 中给出。除此之外，式 (4.9) 中的初始值设置为 0。

表 4.1　本章所设计跟踪控制方法和 ESOT 控制方法的控制增益

控制方法	控制增益
本章所设计跟踪控制方法	$k_p = 50, k_s = 10, \lambda = 3, L = 100$
ESOT 控制方法	$b_0 = 0.4, w_0 = 100, k_1 = 20, k_2 = 20$

图 4.3 及图 4.4 分别为被动式悬架系统、ESOT 控制方法以及本章所设计跟踪控制方法在随机路面和正弦路面下车体加速度的时域响应和频域响应。显然，本章所设计跟踪控制方法的性能优于被动式悬架系统及 ESOT 控制方法，因此在时域和频域中加速度的幅值都大大降低。所有的这些结果证实了本章所设计跟踪控制方法可显著地增强驾乘舒适性。表 4.2 总结了两种不同路面输入下的车体加速度的均方根。从表 4.2 可以看出，与被动式悬架系统和 ESOT 控制方法相比，本章所设计跟踪控制方法针对随机路面和正弦路面，车体加速度的均方根值大大减少了。

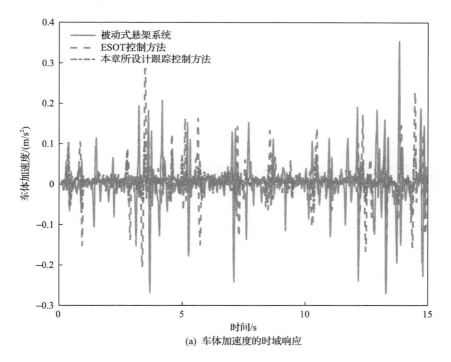

(a) 车体加速度的时域响应

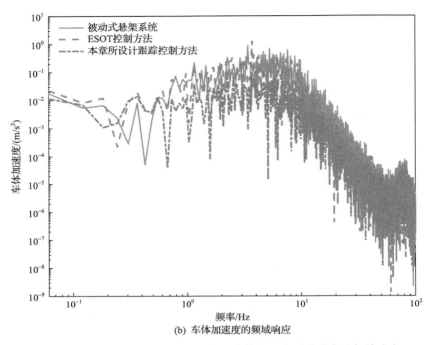

(b) 车体加速度的频域响应

图 4.3　不同控制方法在随机路面下的车体加速度时域响应及频域响应

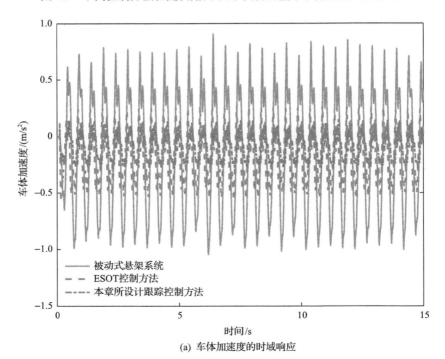

(a) 车体加速度的时域响应

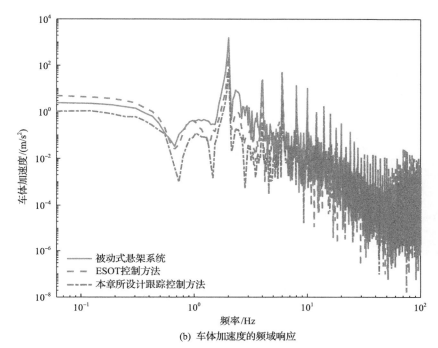

(b) 车体加速度的频域响应

图 4.4　不同控制方法在正弦路面下的车体加速度时域响应及频域响应

表 4.2　正弦和随机路面下的车体加速度的均方根　　　　　（单位：m/s²）

控制方法	随机路面	正弦路面
被动式悬架系统	0.0565	0.5456
ESOT 控制方法	0.0470 （↓16.81%）	0.2966 （↓45.64%）
本章所设计跟踪控制方法	0.0208 （↓63.19%）	0.1479 （↓72.89%）

　　作用在 ESOT 控制方法和本章所设计跟踪控制方法的主动式悬架控制力的时域响应和频域响应在图 4.5 以及图 4.6 中比较。从图 4.5(a)和图 4.6(a)可以看出，本章所设计跟踪控制方法的控制力远远小于 ESOT 控制方法。此外，图 4.5(b)和图 4.6(b)说明了控制输入信号的傅里叶变换（FFT），从中可以看出 ESOT 控制方法中的高频分量大于本章所设计跟踪控制方法。众所周知，对执行器的高频带宽的要求将会增加控制系统的成本和执行器饱和的可能性。事实上，执行器的带宽总是受限制的。因此，本章所设计跟踪控制方法具有与 ESOT 控制方法类似的隔振性能，但同时表现出

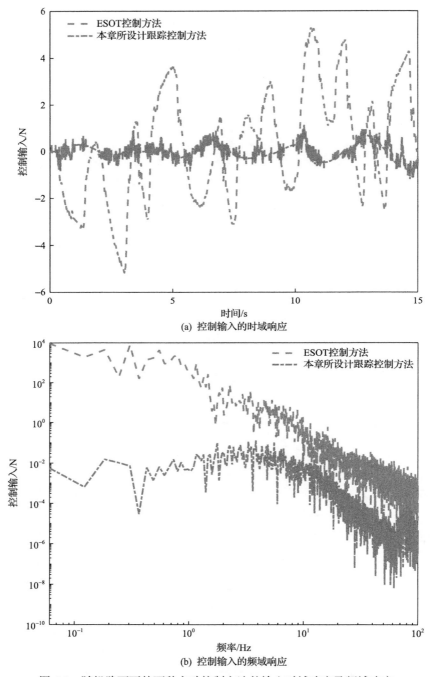

(a) 控制输入的时域响应

(b) 控制输入的频域响应

图 4.5　随机路面下的两种主动控制方法的输入时域响应及频域响应

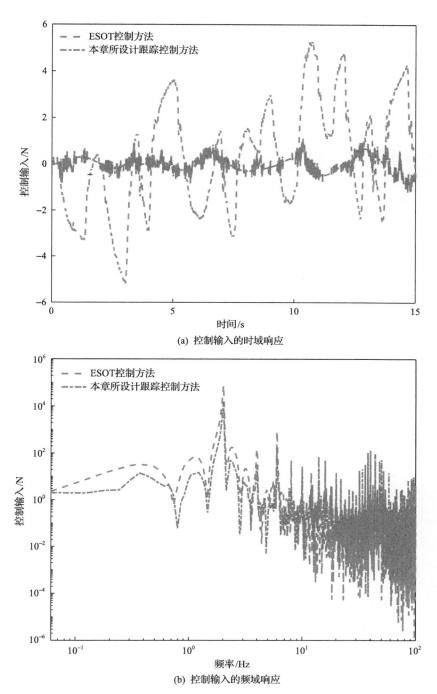

(a) 控制输入的时域响应

(b) 控制输入的频域响应

图 4.6　正弦路面下的两种主动控制方法的输入时域响应及频域响应

表 4.3　　两种路面下的能量消耗的均方根　　　　　　（单位：W）

控制方法	随机路面	正弦路面
ESOT 控制方法	0.0082	0.0496
本章所设计跟踪控制方法	0.0011 (↓86.59%)	0.0243 (↓51.01%)

更高的能效和更低的执行器带宽的性能。由表 4.3 也可明确看出，与 ESOT
控制方法相比，本章所设计跟踪控制方法针对随机路面和正弦路面的能耗
均方根分别降低了 86.59%和 51.01%，表明了本章所设计跟踪控制方法的
节能性能优异。

　　悬架系统的其他两个物理性能约束，也就是悬架行程和轮胎行程的限
制，如图 4.7 及图 4.8 所示。对照在第 2 章中介绍的悬架实验装置的物理空间限制
幅值，被动式悬架系统、ESOT 控制方法和本章所设计跟踪控制方法的悬架
行程和轮胎行程都控制在了可接受的范围内。

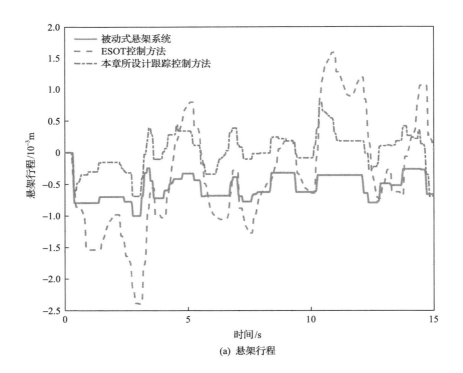

(a) 悬架行程

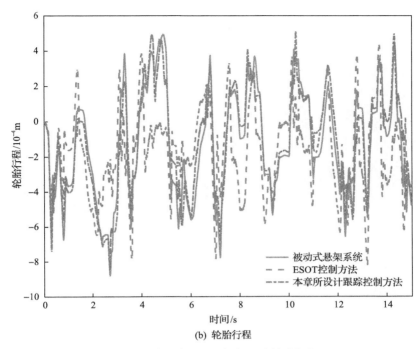

(b) 轮胎行程

图 4.7 随机路面下悬架行程及轮胎行程

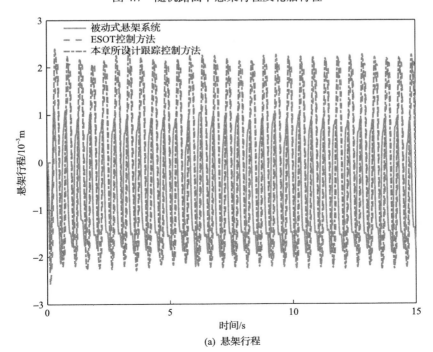

(a) 悬架行程

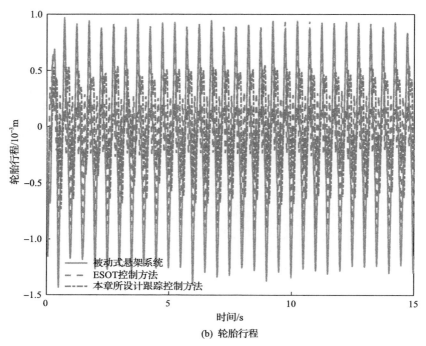

(b) 轮胎行程

图 4.8 正弦路面下悬架行程及轮胎行程

第 5 章　基于有益状态耦合、扰动、非线性因素的节能鲁棒跟踪控制方法

5.1　引　　言

主动式悬架系统在实际应用中存在以下几种常见问题，如不可避免的扰动（参数不确定性、未建模动态的不确定性以及外部扰动）、固有非线性因素、耦合效应、能耗等，这些问题都需要在控制器设计中深入研究和考虑。针对上述几种实际问题，研究人员报道了一系列控制方法，归纳如下。

(1)为了减小内、外扰动的影响，研究人员提出了许多鲁棒控制方法和基于扰动观测器的控制方法[48, 50, 99, 102-105]。值得指出的是，文献[48]利用扰动观测器来估计系统不确定性和未知道路的影响，在此基础上，提出了一种可减小簧上质量加速度的滑模控制方法。文献[104]提出了一种基于非线性观测器的扩展跟踪控制方法（EDO）来补偿主动式悬架系统的集合扰动。通过扩展非线性扰动观测器和修正的滑模面，避免了不匹配扰动的影响[105]。文献[97]利用模糊扰动观测器补偿非线性耦合、道路变化以及非线性动态不确定性引起的扰动。然而，上述控制方法都将扰动视为对系统动力学响应有负面影响的因素，从而直接消除了它们。事实上，扰动效应对系统性能的影响有"好"的一面，也有"坏"的一面[100]，但现有的控制方法大多只是在假设扰动效应影响为坏的情况下设计的。直接消除扰动产生的负面影响是没有问题的，但同样消除正面影响则是值得商榷的。

(2)现有控制方法通常将固有耦合项视为模型的不确定性因素，对其直接进行消除。详细来说，针对主动式悬架系统，研究人员设计了几种鲁棒滑模控制方法[102, 103]，使其对模型的不确定性不敏感。文献[106]引入了自适应估计器来抑制不确定参数的影响。文献[107]通过设计鲁棒增益调度控制方法，保证了闭环系统的稳定性并对扰动进行了抑制。文献[108]通过使用模糊系统的隶属函数，解决了模型不确定性的影响问题。如文献[109]和[110]所述，状态耦合效应分为有益的和有害的两种。因此，可以通过消除

有害的状态耦合效应且保留有益的状态耦合效应来提升系统的控制性能。

（3）为了改善控制性能，降低能量消耗，在车辆悬架控制中引入了仿生参考模型产生的非线性刚度和阻尼[54-61]。例如，Pan 等[54]受生物系统的肢体运动学[65]的启发，设计了仿生非线性参考模型。虽然该模型只取一层且不考虑阻尼效应，但其结果仍然为节能非线性控制问题提供了一种很好的解决思路。文献[55]～[61]设计了更真实的仿生非线性参考模型，包括两层以及非线性阻尼效应。结果表明，阻尼效应和非线性刚度可提供更好的控制性能（不仅是隔振），因此在鲁棒控制器设计中要更加仔细地考虑这些非线性因素的影响。

据我们所知，大多数现有的控制方法在处理系统参数/模型不确定性、状态耦合和固有非线性因素方面还不够完善，也没有任何控制方法可以同时解决这些问题。因此，本章通过引入状态耦合、扰动和非线性因素所产生的正面影响，设计了主动式悬架系统的节能鲁棒跟踪方法，从而实现更优异的控制性能。具体地说，首先，通过模糊扰动观测器对包括参数不确定性、未建模动态和外部扰动的集合扰动进行了精确估计。然后，在评估状态耦合、扰动和非线性因素对系统潜在影响的基础上，设计了鲁棒跟踪控制方法。随后，通过李雅普诺夫定理完成了稳定性和收敛性证明。最后，通过一系列的实验验证了所提控制方法的有效性。所提控制方法的贡献如下。

（1）为了正确地处理系统参数/未建模动态的不确定性和外部扰动的影响，设计了一个模糊扰动观测器。因此，所提控制方法不需要系统参数（如簧上质量/簧下质量、刚度和阻尼系数）的精确值，大大提高了主动式悬架系统的鲁棒性。

（2）首次引入了状态耦合效应指标来分析状态耦合对主动式悬架系统性能的影响。这样既消除了有害的状态耦合效应，又保留了有益的状态耦合效应，从而获得了更好的跟踪控制性能和稳定性能。

（3）基于扰动方向与预期运动方向是否一致，创新性地构造了一种新型的扰动效应指标，用于区分扰动的有利影响和不利影响，进一步提高了跟踪性能。

（4）为了解决悬架系统固有非线性问题，采用了理想的仿生非线性刚度和阻尼特性提高控制性能，从而在抑制固有非线性负面影响的同时，也很好地利用了固有非线性的正面效应。

(5)本章研究表明，所提控制方法不仅能有效抑制车辆悬架的瞬态响应，而且能显著节省主动控制的能量成本，因为该方法仅抑制耦合、扰动、非线性因素的负面影响，而保留正面影响。

(6)实验结果进一步验证了所提控制方法的有效性。结果表明，所提控制方法具有较好的抑制振动效果，对参数不确定性、未建模动态的不确定性和外部扰动具有较强的鲁棒性，值得指出的是，所提控制方法的能耗比现有控制方法低 80%以上。

随后，为进一步提升系统的动态性能，实现状态的有限时间的收敛性，本章提出了基于二阶滑模的节能鲁棒跟踪控制方法。众所周知，二阶滑模方法可以达到有限时间的收敛性目标，并在参数不确定性以及不可避免的扰动情况下保证系统的鲁棒性[111-113]。因此，本章提出了一种利用有益状态耦合、扰动、非线性因素和二阶滑模控制技术的有限时间节能鲁棒跟踪控制方法。所提控制方法的主要贡献如下。

(1)引入状态耦合效应指标识别耦合因素对系统的影响，通过保留好的状态耦合效应并消除不好的状态耦合效应来解决状态耦合带来的问题。

(2)提出一种利用有益扰动的控制方法，该方法由扰动观测器、扰动效应指标以及控制器组成。在准确估计扰动信息的基础上，将估计的扰动信息引入到控制器的设计中。结果表明，利用有益扰动可以显著提高系统的跟踪控制性能。

(3)通过利用仿生非线性动力学产生的有利非线性刚度和阻尼，实现显著的节能目标。

(4)通过构造特定的非线性函数，可保证所设计的控制方法实现有限时间的收敛性。此外，通过引入二阶滑模技术，提高了系统对参数不确定性和外部扰动的鲁棒性。

5.2　基于模糊扰动观测器的节能鲁棒跟踪控制方法

5.2.1　模型转换

四分之一主动式悬架系统的动力学模型参考 3.2.1 节。悬架部件的弹簧力和阻尼力、轮胎弹力以及阻尼力的表示如下：

$$F_s = k_{s1}(z_s - z_u) + k_{s2}(z_s - z_u)^3 \tag{5.1}$$

$$F_d = k_d(\dot{z}_s - \dot{z}_u) \tag{5.2}$$

$$F_t = k_t(z_u - z_r) \tag{5.3}$$

$$F_b = k_b(\dot{z}_u - \dot{z}_r) \tag{5.4}$$

其中，k_{s1} 和 k_{s2} 为刚度系数；k_d 为阻尼系数；k_t 和 k_b 分别为轮胎的刚度系数以及阻尼系数，其表达式可写为

$$k_{si} = \bar{k}_{si}(1 + \varDelta_{si}), \quad i = 1, 2 \tag{5.5}$$

$$k_d = \bar{k}_d(1 + \varDelta_d) \tag{5.6}$$

$$k_t = \bar{k}_t(1 + \varDelta_t) \tag{5.7}$$

$$k_b = \bar{k}_b(1 + \varDelta_b) \tag{5.8}$$

其中，$\bar{k}_{si}$、$\bar{k}_d$、$\bar{k}_t$ 以及 $\bar{k}_b$ 为相应的名义值；$\varDelta_{si}$、$\varDelta_d$、$\varDelta_t$ 以及 $\varDelta_b$ 为系数扰动范围。

分析式(3.1)、式(3.2)，易得

$$
\begin{aligned}
\frac{m_s m_u}{m_s + m_u} \ddot{z}_e &= -(F_s + F_d) + \frac{m_s m_u}{m_s + m_u}(F_t + F_b) + \frac{m_u}{m_s + m_u} d_1 - \frac{m_s}{m_s + m_u} d_2 + u(t) \\
&= -\bar{k}_{s1} z_e - \bar{k}_{s2} z_e^3 - \bar{k}_d \dot{z}_e + \frac{\bar{m}_s}{\bar{m}_s + \bar{m}_u}(\bar{k}_t z_t + \bar{k}_b \dot{z}_t) + D + u(t)
\end{aligned} \tag{5.9}
$$

其中，$z_t = z_u - z_r$ 为轮胎行程；$\bar{m}_s$ 和 $\bar{m}_u$ 分别为簧上质量和簧下质量的名义值；D 表示如下形式的未知扰动：

$$
\begin{aligned}
D &= -\bar{k}_{s1} \varDelta_{s1} z_e - \bar{k}_{s2} \varDelta_{s2} z_e^3 - \bar{k}_d \varDelta_d \dot{z}_e + \frac{m_u}{m_s + m_u} d_1 \\
&\quad - \frac{m_s}{m_s + m_u} d_2 + \left(\frac{m_s}{m_s + m_u} - \frac{\bar{m}_s}{\bar{m}_s + \bar{m}_u} \right)(\bar{k}_t \varDelta_t z_t + \bar{k}_b \varDelta_b \dot{z}_t)
\end{aligned} \tag{5.10}
$$

由式 (3.2) 易得

$$m_u \ddot{z}_t = k_{s1} z_e + k_{s2} z_e^3 + k_d \dot{z}_e - k_t z_t - k_b \dot{z}_t - m_u \ddot{z}_r + d_2 - u(t) \tag{5.11}$$

将式 (2.18) 代入式 (5.9)，可导出

$$
\begin{aligned}
\bar{m} \ddot{e}_1 = & -\bar{k}_{s1} e_1 - \bar{k}_{s2} e_1^3 - \bar{k}_d \dot{e}_1 + \frac{\bar{m}_s}{\bar{m}_s + \bar{m}_u} \left(\bar{k}_t z_t + \bar{k}_b \dot{z}_t \right) \\
& - \bar{k}_{s1} z_{ed} - \bar{k}_{s2} z_{ed}^3 - \bar{k}_d \dot{z}_{ed} - \bar{m} \ddot{z}_{ed} + \Lambda + u(t)
\end{aligned}
\tag{5.12}
$$

其中，$\bar{m} = \dfrac{\bar{m}_s \bar{m}_u}{\bar{m}_s + \bar{m}_u}$ 为辅助函数；Λ 为如下形式的集合扰动：

$$\Lambda = \left(\frac{\bar{m}_s \bar{m}_u}{\bar{m}_s + \bar{m}_u} - \frac{m_s m_u}{m_s + m_u} \right) \ddot{z}_{ed} + \left(\frac{m_s m_u}{m_s + m_u} - \frac{\bar{m}_s \bar{m}_u}{\bar{m}_s + \bar{m}_u} \right) \ddot{e} + D \tag{5.13}$$

由式 (5.11) 及式 (2.18) 可得

$$
\begin{aligned}
m_u \ddot{z}_t = & k_{s1} e_1 + k_{s2} e_1^3 + k_d \dot{e}_1 - k_t z_t - k_b \dot{z}_t \\
& - m_u \ddot{z}_r + k_{s1} z_{ed} + k_{s2} z_{ed}^3 + k_d \dot{z}_{ed} + d_2 - u(t)
\end{aligned}
\tag{5.14}
$$

在定义的误差动力学模型式 (5.12) 和式 (5.14) 中，$\dfrac{\bar{m}_s}{\bar{m}_s + \bar{m}_u} \left(\bar{k}_t z_t + \bar{k}_b \dot{z}_t \right)$ 表示轮胎行程系统式 (5.14) 产生的状态耦合效应。

假设 5.1　悬架行程的目标轨迹 z_{ed} 以及速度轨迹 $\dot{z}_{ed}$ 始终是有界的，其数学表达式为

$$
\begin{cases}
z_{ed} = \eta_1, & z_{ed} < \eta_1 \\
M_b \ddot{z}_{ed} + f_1 + \dfrac{k_v}{n^2} z_{ed} + \mu_1 \dot{z}_{ed} + \mu_2 n_x f_2 \dot{z}_{ed} = -M_b \ddot{z}_u, & \eta_1 \leqslant z_{ed} \leqslant \eta_2 \\
z_{ed} = \eta_2, & z_{ed} > \eta_2
\end{cases}
\tag{5.15}
$$

$$
\begin{cases}
\dot{z}_{ed} = \delta_1, & \dot{z}_{ed} < \delta_1 \\
M_b \ddot{z}_{ed} + f_1 + \dfrac{s_v}{n^2} z_{ed} + \mu_1 \dot{z}_{ed} + \mu_2 n_x f_2 \dot{z}_{ed} = -M_b \ddot{z}_u, & \delta_1 \leqslant \dot{z}_{ed} \leqslant \delta_2 \\
\dot{z}_{ed} = \delta_2, & \dot{z}_{ed} > \delta_2
\end{cases}
\tag{5.16}
$$

其中，η_2 和 η_1 分别为 z_{ed} 的上下界；δ_2 和 δ_1 分别为 $\dot{z}_{\text{ed}}$ 的上下界。

5.2.2　模糊扰动观测器设计

式(5.13)中的集合扰动 Λ 可由以下形式的模糊扰动观测器估计[114]：

$$\hat{\Lambda} = \hat{\phi}^{\text{T}} \xi(x) \tag{5.17}$$

其中，$\hat{\Lambda}$ 为集合扰动 Λ 的估计值；$x = [e_1 \ \dot{e}_1]^{\text{T}} \in \mathbb{R}^2$ 为模糊变量；$\hat{\phi} \in \mathbb{R}^2$ 为可调参数向量；$\xi^{\text{T}} = (\xi^1, \xi^2, \cdots, \xi^r)^{\text{T}} \in \mathbb{R}^r$，$r$ 为模糊规则的个数，$\xi^i(i=1,2,\cdots,r)$ 为模糊基函数，其表达式为

$$\xi^i = \frac{\prod_{j=1}^2 \mu_{A_j^i}(x_j)}{\sum_{i=1}^r \left(\prod_{j=1}^2 \mu_{A_j^i}(x_j) \right)} \tag{5.18}$$

式中，$\mu_{A_j^i}(x_j)$ 为隶属函数。

接下来，考虑如下形式的观测系统：

$$\begin{aligned}\dot{\delta} = &-\sigma\delta - \bar{k}_{\text{s1}}e_1 - \bar{k}_{\text{s2}}e_1^3 - \bar{k}_{\text{d}}\dot{e}_1 + \frac{\bar{m}_{\text{s}}}{\bar{m}_{\text{s}}+\bar{m}_{\text{u}}}\left(\bar{k}_{\text{t}}z_{\text{t}} + \bar{k}_{\text{b}}\dot{z}_{\text{t}}\right) \\ &- \bar{k}_{\text{s1}}z_{\text{ed}} - \bar{k}_{\text{s2}}z_{\text{ed}}^3 - \bar{k}_{\text{d}}\dot{z}_{\text{ed}} - \bar{m}\ddot{z}_{\text{ed}} + \hat{\Lambda} + u(t) + \sigma\bar{m}\dot{e}_1\end{aligned} \tag{5.19}$$

其中，δ 为观测系统的状态变量；$\sigma \in \mathbb{R}^+$ 为正的控制增益。

定义扰动观测误差 ζ 为

$$\zeta = \bar{m}\dot{e}_1 - \delta \tag{5.20}$$

由式(5.12)、式(5.19)及式(5.20)可得

$$\dot{\zeta} + \sigma\zeta = \Lambda - \hat{\Lambda} \tag{5.21}$$

可调参数向量 $\hat{\phi}$ 可由式(5.22)获得

$$\dot{\hat{\phi}} = -\gamma\zeta\xi(x) \tag{5.22}$$

其中，$\gamma \in \mathbb{R}^+$ 为正的控制增益。

随后，由文献[114]可知，所构造扰动观测器可以很好地估计扰动，集合扰动 Λ 可表示为

$$\Lambda = \hat{\Lambda} + \varepsilon \tag{5.23}$$

其中，ε 为观测误差，且 $|\varepsilon| \leqslant \bar{\varepsilon}$，$\bar{\varepsilon}$ 表示 ε 的上界。除此之外，ε 随着模糊规则个数的增加而逐渐减小。

5.2.3　状态耦合及扰动效应指标

到目前为止，主动式悬架系统的耦合问题还没有得到充分的解决，耦合分析还需进一步的研究。由于状态耦合项具有高度非线性的特点，现有控制方法通常假设状态是完全可测的，在此基础上将状态耦合项视为已知扰动项，从而将其直接消除。实际上，在外部扰动和测量噪声等干扰的情况下，状态耦合对被控系统的稳定性和整体控制性能有着重要的影响[115-118]。现有大多数主动式悬架控制方法未对状态耦合效应进行分析，这可能会限制其控制性能的进一步提升。因此，定量评估状态耦合对主动式悬架系统性能的影响是很重要的，这也是本章研究要做的工作。

重要的是，扰动的幅值和方向可能对主动式悬架系统性能产生关键性的影响。扰动的幅值与系统的稳定性密切相关，通过有界性分析可以很好地解决系统稳定性的问题。扰动的方向与跟踪性能密切相关，而针对扰动方向的研究很少。如果时变扰动的符号与所期望的运动一致，时变扰动就有提高跟踪性能的潜力。因此，扰动效应与跟踪性能的关系值得深入研究。

为了充分利用有益的状态耦合和扰动信息，本章提出了状态耦合效应指标和扰动效应指标的定义。

定义 5.1　对于误差动力学模型式（5.12）和式（5.14），状态耦合效应指标构造为

$$J_1 = \mathrm{sgn}\left[\left(\dot{e}_1 + 2\alpha \arctan e_1\right)\left(\bar{k}_\mathrm{t} z_\mathrm{t} + \bar{k}_\mathrm{b} \dot{z}_\mathrm{t}\right)\right] \tag{5.24}$$

其中，$\alpha \in \mathbb{R}^+$ 为辅助的正数。

基于引入的状态耦合效应指标形式，状态耦合效应影响如下：

$$\begin{cases} J_1 < 0, & \text{状态耦合效应是有益的} \\ J_1 > 0, & \text{状态耦合效应是有害的} \\ J_1 = 0, & \text{状态耦合效应无影响} \end{cases} \tag{5.25}$$

定义 5.2　考虑误差系统式(5.12)，扰动效应指标定义为

$$J_2 = \mathrm{sgn}\left(e_1 \hat{\Lambda}\right) \tag{5.26}$$

随后，扰动对误差系统式(5.12)的影响可描述为

$$\begin{cases} J_2 < 0, & \text{扰动效应是有益的} \\ J_2 > 0, & \text{扰动效应是有害的} \\ J_2 = 0, & \text{扰动效应无影响} \end{cases} \tag{5.27}$$

状态耦合效应指标的作用是反映一个子系统对另一个子系统的影响。更准确地说，状态耦合效应的潜在效益取决于状态耦合是否有助于引导李雅普诺夫候选函数向原点移动。为了更好地解释为什么构造如式(5.25)所示的状态耦合效应指标，选择李雅普诺夫候选函数为

$$V = \frac{1}{2}\bar{m}\dot{e}_1^2 + \frac{1}{2}\bar{k}_{s1}e_1^2 + \frac{1}{4}\bar{k}_{s2}e_1^4 + 2a\bar{m}\dot{e}_1\arctan e_1 + \frac{2k_P}{\pi}\left[e_1\arctan e_1 - \frac{1}{2}\ln\left(1+e_1^2\right)\right]$$

通过设计控制输入 $u(t)$，李雅普诺夫候选函数关于时间的导数可整理为

$$\dot{V} = -k_1\dot{e}_1^2 + \frac{\bar{m}_s}{\bar{m}_s+\bar{m}_u}(\dot{e}_1 + 2a\arctan e_1)\underbrace{\left[\left(\bar{k}_t z_t + \bar{k}_b\dot{z}_t\right) - \varPhi\left(\bar{k}_t z_t + \bar{k}_b\dot{z}_t\right)\right]}_{X\left(\bar{k}_t z_t + \bar{k}_b\dot{z}_t\right)}$$

其中，$k_1 \in \mathbb{R}^+$ 为正的控制增益；$\varPhi\left(\bar{k}_t z_t + \bar{k}_b\dot{z}_t\right)$ 为状态耦合效应 $\bar{k}_t z_t + \bar{k}_b\dot{z}_t$ 的函数。很明显 $\dot{V}$ 的符号与 $X\left(\bar{k}_t z_t + \bar{k}_b\dot{z}_t\right)$ 的大小息息相关。

随后，考虑如下两种情形。

情形 1：$J_1 < 0$。在这种情况下，$\varPhi\left(\bar{k}_t z_t + \bar{k}_b\dot{z}_t\right)$ 可以选择为 0。状态耦合对误差系统式(5.12)的影响是有益的，因此可在接下来的控制器设计中引入此状态耦合。

情形 2：$J_1 \geqslant 0$。在这种情况下，$\Phi\left(\overline{k}_t z_t + \overline{k}_b \dot{z}_t\right)$ 可选择为 $\Phi\left(\overline{k}_t z_t + \overline{k}_b \dot{z}_t\right) = \overline{k}_t z_t + \overline{k}_b \dot{z}_t$，在此基础上可得 $X\left(\overline{k}_t z_t + \overline{k}_b \dot{z}_t\right) = 0$。耦合效应是有害的/无影响的，因此应该将其消除。

此外，定义 5.2 提供了一个新的视角来识别集中扰动对误差系统的影响。如果出现有益的扰动效应，应在控制器设计中充分利用该效应，而不是对其直接进行消除。因此，在控制器设计中引入扰动效应指标具有重要意义。

5.2.4　基于模糊扰动观测器的节能鲁棒跟踪控制方法设计及稳定性分析

定理 5.1　对于式(5.12)和式(5.14)描述的误差动力学模型，设计基于模糊扰动观测器的鲁棒控制方法：

$$
\begin{aligned}
u(t) = & -\frac{2k_P}{\pi}\arctan e_1 - \frac{2k_D}{\pi}\arctan \dot{e}_1 - k_S \operatorname{sgn}\left(\dot{e}_1 + 2\alpha \arctan e_1\right) \\
& + \overline{k}_{s1} z_{ed} + \overline{k}_{s2} z_{ed}^3 + \overline{k}_d \dot{z}_{ed} + \overline{m}\ddot{z}_{ed} - \frac{\overline{m}_s}{\overline{m}_s + \overline{m}_u}\left(\overline{k}_t z_t + \overline{k}_b \dot{z}_t\right)F(J_1) - \hat{\Lambda}F(J_2)
\end{aligned}
\tag{5.28}
$$

其中，k_P、k_D、$k_S \in \mathbb{R}^+$ 为正的控制增益；$F(J_1)$ 和 $F(J_2)$ 表达式为

$$
F(J_1) = \begin{cases} 1, & J_1 \geqslant 0 \\ 0, & J_1 < 0 \end{cases}
\tag{5.29}
$$

$$
F(J_2) = \begin{cases} 1, & J_2 \geqslant 0 \\ 0, & J_2 < 0 \end{cases}
\tag{5.30}
$$

控制增益需满足以下条件：

$$
\begin{cases}
0 < \alpha < \dfrac{1}{2} \\
k_P > \alpha\overline{m} + \omega \\
0 < \omega \ll k_P \\
4\alpha\pi k_P - \alpha^2 \overline{k}_d - 2\alpha k_D \geqslant 0 \\
\dfrac{\left(1 + \sqrt{\dfrac{2V}{(1-2\alpha)\overline{m}}}\right)^2}{2-\alpha}\alpha\overline{m}\pi^2 \leqslant k_D \\
2\overline{\varepsilon} + \tau_1 < k_S
\end{cases}
\tag{5.31}
$$

其中，α 与 ω 为辅助的正数，那么跟踪误差以及跟踪误差关于时间的一阶导数渐近收敛至 0，即

$$\lim_{t \to \infty} e_1 = 0, \quad \lim_{t \to \infty} \dot{e}_1 = 0 \tag{5.32}$$

证明　首先构造李雅普诺夫候选函数为

$$V = \frac{1}{2}\overline{m}\dot{e}_1^2 + \frac{2k_{\mathrm{P}}}{\pi}\left[e_1 \arctan e_1 - \frac{1}{2}\ln\left(1 + e_1^2\right)\right] \\ + 2\alpha\overline{m}\dot{e}_1 \arctan e_1 + \frac{1}{2}\overline{k}_{\mathrm{s1}}e_1^2 + \frac{1}{4}\overline{k}_{\mathrm{s2}}e_1^4 \tag{5.33}$$

接下来证明式 (5.33) 中的 V 是非负的。计算式 (5.33) 右侧第二项可得

$$\frac{2k_{\mathrm{P}}}{\pi}\left[e_1 \arctan e_1 - \frac{1}{2}\ln\left(1 + e_1^2\right)\right] \\ = \frac{2\left(k_{\mathrm{P}} - \omega\right) + 2\omega}{\pi}\left[e_1 \arctan e_1 - \frac{1}{2}\ln\left(1 + e_1^2\right)\right] \\ \geqslant \frac{k_{\mathrm{P}} - \omega}{\pi}\arctan^2 e_1 + \frac{2\omega}{\pi}\left[e_1 \arctan e_1 - \frac{1}{2}\ln\left(1 + e_1^2\right)\right] \tag{5.34}$$

其中，在计算过程中使用了 $2\left[e_1 \arctan e_1 - \dfrac{1}{2}\ln\left(1 + e_1^2\right)\right] \geqslant \arctan^2 e_1$[99]的性质。随后，利用杨氏不等式，式 (5.33) 右侧第三项可整理为

$$2\alpha\overline{m}\dot{e}_1 \arctan e_1 \geqslant -\alpha\overline{m}\dot{e}_1^2 - \alpha\overline{m}\arctan^2 e_1 \tag{5.35}$$

将式 (5.34) 以及式 (5.35) 的结论代入式 (5.33)，可得

$$V = \frac{1}{2}\overline{m}\dot{e}_1^2 + \frac{2k_{\mathrm{P}}}{\pi}\left[e_1 \arctan e_1 - \frac{1}{2}\ln\left(1 + e_1^2\right)\right] \\ + 2\alpha\overline{m}\dot{e}_1 \arctan e_1 + \frac{1}{2}\overline{k}_{\mathrm{s1}}e_1^2 + \frac{1}{4}\overline{k}_{\mathrm{s2}}e_1^4 \\ \geqslant \left(\frac{1}{2} - \alpha\right)\overline{m}\dot{e}_1^2 + \left(\frac{k_{\mathrm{P}} - \omega}{\pi} - \alpha\right)\overline{m}\arctan^2 e_1 \\ + \frac{2\omega}{\pi}\left[e_1 \arctan e_1 - \frac{1}{2}\ln\left(1 + e_1^2\right)\right] + \frac{1}{2}\overline{k}_{\mathrm{s1}}e_1^2 + \frac{1}{4}\overline{k}_{\mathrm{s2}}e_1^4 \tag{5.36}$$

将式(5.31)代入式(5.36)可知李雅普诺夫候选函数是非负的。

随后，对式(5.33)两端关于时间求导，并将式(5.12)及式(5.28)的结论代入所得结果，可知

$$
\dot{V} = \overline{m}\dot{e}_1\ddot{e}_1 + \overline{k}_{s1}e_1\dot{e}_1 + \overline{k}_{s2}e_1^3\dot{e}_1 + \frac{2k_{\mathrm{P}}}{\pi}\dot{e}_1\arctan e_1
$$

$$
+ 2\alpha\overline{m}\ddot{e}_1\arctan e_1 + 2\alpha\overline{m}\frac{\dot{e}_1^2}{1+e_1^2}
$$

$$
= -\overline{k}_{\mathrm{d}}\dot{e}_1^2 - \frac{2k_{\mathrm{D}}}{\pi}\dot{e}_1\arctan\dot{e}_1 - 2\alpha\overline{k}_{s1}e_1\arctan e_1 - 2\alpha\overline{k}_{s2}e_1^3\arctan e_1
$$

$$
- \frac{4\alpha k_{\mathrm{P}}}{\pi}\arctan^2 e_1 - 2\alpha k_{\mathrm{D}}\dot{e}_1\arctan e_1 - \frac{4\alpha k_{\mathrm{D}}}{\pi}\arctan e_1\arctan\dot{e}_1 \tag{5.37}
$$

$$
+ 2\alpha\overline{m}\frac{\dot{e}_1^2}{1+e_1^2} + \frac{\overline{m}_s}{\overline{m}_s+\overline{m}_u}\left(\dot{e}_1+2\alpha\arctan e_1\right)\left(\overline{k}_t z_t + \overline{k}_b\dot{z}_t\right)\left(1-F(J_1)\right)
$$

$$
+ \left(\dot{e}_1+2\alpha\arctan e_1\right)\left(\varLambda - \hat{\varLambda}F(J_2) - k_{\mathrm{S}}\operatorname{sgn}\left(\dot{e}_1+2\alpha\arctan e_1\right)\right)
$$

紧接着将讨论$\left(\dot{e}_1+2\alpha\arctan e_1\right)\left(\overline{k}_t z_t + \overline{k}_b\dot{z}_t\right)\left(1-F(J_1)\right)$与$\left(\dot{e}_1+2\alpha\arctan e_1\right)\left(\varLambda - \hat{\varLambda}F(J_2) - k_{\mathrm{S}}\operatorname{sgn}\left(\dot{e}_1+2\alpha\arctan e_1\right)\right)$的符号。当$J_1<0$时，表明状态耦合效应是有益的，基于$J_1$和$F(J_1)$的定义，易知$\left(\dot{e}_1+2\alpha\arctan e_1\right)\left(\overline{k}_t z_t + \overline{k}_b\dot{z}_t\right)\left(1-F(J_1)\right)<0$。若$J_1\geqslant 0$，表明状态耦合效应是有害的/无影响的，可得$\left(\dot{e}_1+2\alpha\arctan e_1\right)\left(\overline{k}_t z_t + \overline{k}_b\dot{z}_t\right)\left(1-F(J_1)\right)=0$。总的来说，以下关系始终成立：

$$
\left(\dot{e}_1+2\alpha\arctan e_1\right)\left(\overline{k}_t z_t + \overline{k}_b\dot{z}_t\right)\left(1-F(J_1)\right)\leqslant 0 \tag{5.38}
$$

在讨论$\left(\dot{e}_1+2\alpha\arctan e_1\right)\left(\varLambda - \hat{\varLambda}F(J_2) - k_{\mathrm{S}}\operatorname{sgn}\left(\dot{e}_1+2\alpha\arctan e_1\right)\right)$的符号之前先研究$\varLambda - \hat{\varLambda}F(J_2) = \hat{\varLambda} - \hat{\varLambda}F(J_2) + \varepsilon$的范围。若$J_2<0$，表明扰动效应是有益的，可得$\left|\varLambda - \hat{\varLambda}F(J_2)\right| = \left|\hat{\varLambda}+\varepsilon\right| \leqslant 2\overline{\varepsilon}+\tau_1$，其中，$\tau_1$表示集合扰动$\varLambda$的上界。若$J_2\geqslant 0$，表明扰动效应是有害的，可得$\left|\varLambda - \hat{\varLambda}F(J_2)\right| = |\varepsilon| \leqslant \overline{\varepsilon}$。总的来说，$\left|\varLambda - \hat{\varLambda}F(J_2)\right| \leqslant 2\overline{\varepsilon}+\tau_1$始终成立。因此，以下结论成立：

$$\left(\dot{e}_1 + 2\alpha \arctan e_1\right)\left(\varLambda - \hat{\varLambda}F\left(J_2\right) - k_{\mathrm{S}}\,\mathrm{sgn}\left(\dot{e}_1 + 2\alpha \arctan e_1\right)\right)$$

$$=\left(\varLambda - \hat{\varLambda}F\left(J_2\right)\right)\left(\dot{e}_1 + 2\alpha \arctan e_1\right) - k_{\mathrm{S}}\left|\dot{e}_1 + 2\alpha \arctan e_1\right|$$

$$\leqslant \left|\varLambda - \hat{\varLambda}F\left(J_2\right)\right|\left|\dot{e}_1 + 2\alpha \arctan e_1\right| - k_{\mathrm{S}}\left|\dot{e}_1 + 2\alpha \arctan e_1\right| \tag{5.39}$$

$$\leqslant \left(2\bar{\varepsilon} + \tau_1 - k_{\mathrm{S}}\right)\left|\dot{e}_1 + 2\alpha \arctan e_1\right|$$

$$\leqslant 0$$

随后，根据性质 $\dot{e}_1 \arctan \dot{e}_1 \geqslant \dfrac{2}{\pi}\arctan^2 \dot{e}_1$ [38]以及 $\dfrac{1}{1+e_1^2} \leqslant 1$，式(5.37)的第二项以及第八项可以计算为

$$-\frac{2k_{\mathrm{D}}}{\pi}\dot{e}_1 \arctan \dot{e}_1 \leqslant -\frac{4k_{\mathrm{D}}}{\pi^2}\arctan^2 \dot{e}_1 \tag{5.40}$$

$$2\alpha\bar{m}\frac{\dot{e}_1^2}{1+e_1^2} \leqslant 2\alpha\bar{m}\dot{e}_1^2 \tag{5.41}$$

式(5.37)的第六项可计算为

$$-2\alpha\bar{k}_{\mathrm{D}}\dot{e}_1 \arctan e_1 \leqslant \bar{k}_{\mathrm{D}}\dot{e}_1^2 + \alpha^2\bar{k}_{\mathrm{D}}\arctan^2 e_1 \tag{5.42}$$

同理，式(5.37)的第七项可推导为

$$-\frac{4\alpha k_{\mathrm{D}}}{\pi}\arctan e_1 \arctan \dot{e}_1 \leqslant 2\alpha k_{\mathrm{D}}\arctan^2 e_1 + \frac{2\alpha k_{\mathrm{D}}}{\pi^2}\arctan^2 \dot{e}_1 \tag{5.43}$$

由式(5.38)～式(5.43)的结论，可将式(5.37)进一步整理为

$$\dot{V} \leqslant -\left(\frac{4-2\alpha}{\pi^2}\right)k_{\mathrm{D}}\arctan^2 \dot{e}_1 + 2\alpha\bar{m}\dot{e}_1^2$$
$$-\left(\frac{4\alpha k_{\mathrm{P}}}{\pi} - \alpha^2\bar{k}_{\mathrm{D}} - \frac{2\alpha k_{\mathrm{D}}}{\pi}\right)\arctan^2 e_1 \tag{5.44}$$

由式(5.31)不难得到如下不等式成立：

$$-\left(\frac{4-2\alpha}{\pi^2}\right)k_{\mathrm{D}}\arctan^2 \dot{e}_1 + 2\alpha\bar{m}\dot{e}_1^2 \leqslant 0 \tag{5.45}$$

可得 $\dot{V} \leqslant 0$ 。

为此，考虑如下两种情形。

情形 1：$\dot{e} = 0$。在这种情况下，式 (5.45) 始终成立。

情形 2：$\dot{e} \neq 0$。在这种情形下，式 (5.45) 可简化为

$$\frac{\dot{e}_1^2}{\arctan^2 \dot{e}_1} \leqslant \frac{(2-\alpha)k_D}{\alpha \bar{m} \pi^2} \tag{5.46}$$

由文献 [99] 可知，以下不等式始终成立：

$$\frac{\dot{e}_1^2}{\arctan^2 \dot{e}_1} \leqslant \left(1 + |\dot{e}_1|\right)^2 \tag{5.47}$$

为保证式 (5.46) 始终成立，选择 k_D 使得

$$\frac{(2-\alpha)k_D}{\alpha \bar{m} \pi^2} \geqslant \left(1 + |\dot{e}_1|\right)^2 \tag{5.48}$$

根据式 (5.31) 不难得出

$$V \geqslant \left(\frac{1}{2} - \alpha\right) \bar{m} \dot{e}_1^2 \tag{5.49}$$

这表明

$$\dot{e}_1^2 \leqslant \frac{2V}{(1-2\alpha)\bar{m}} \rightarrow |\dot{e}_1| \leqslant \sqrt{\frac{2V}{(1-2\alpha)\bar{m}}} \tag{5.50}$$

将式 (5.50) 的结论代入式 (5.48)，可导出

$$\frac{(2-\alpha)k_D}{\alpha \bar{m} \pi^2} \geqslant \left(1 + \sqrt{\frac{2V}{(1-2\alpha)\bar{m}}}\right)^2$$

$$\rightarrow k_D \geqslant \frac{\left(1 + \sqrt{\frac{2V}{(1-2\alpha)\bar{m}}}\right)^2}{2-\alpha} \alpha \bar{m} \pi^2 \tag{5.51}$$

根据上述分析，若式 (5.51) 成立，$\dot{V}(t)$ 可计算为

$$\begin{aligned} \dot{V} &\leqslant -v_1 \arctan^2 e_1 - v_2 \arctan^2 \dot{e}_1 \\ &\leqslant 0 \end{aligned} \tag{5.52}$$

其中，v_1 和 $v_2 \in \mathbb{R}^+$ 为两个正数，则被控系统是李雅普诺夫稳定的[71]，且可直接导出以下结论：

$$V \in L_\infty \to e_1,\ \dot{e}_1 \in L_\infty \to u(t) \in L_\infty \tag{5.53}$$

且

$$\lim_{t \to \infty} e_1 = 0, \quad \lim_{t \to \infty} \dot{e}_1 = 0 \tag{5.54}$$

综上，定理 5.1 得证。

为了更好地展示基于模糊扰动观测器的节能鲁棒跟踪控制方法的优势，给出了如图 5.1 所示的原理图。由图 5.1 可知，不同于传统主动式悬架控制方法将参考轨迹设置为 0，基于模糊扰动观测器的节能鲁棒跟踪控制方法选择仿生非线性参考模型作为理想的输出跟踪轨迹，避免了消除主动式悬架系统有益非线性因素的问题，因此，基于模糊扰动观测器的节能鲁棒跟踪控

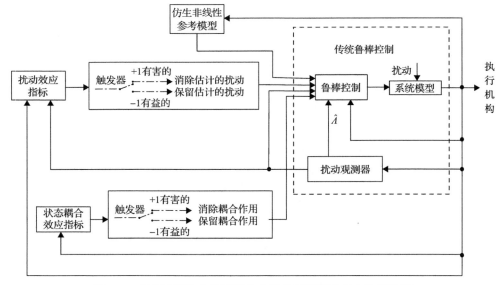

图 5.1　基于模糊扰动观测器的节能鲁棒跟踪控制方法原理图

制方法具有显著的节能效果。此外，还可以看出传统的鲁棒控制方法直接对扰动和状态耦合效应进行消除和补偿。而基于模糊扰动观测器的节能鲁棒跟踪控制方法充分利用主动式悬架系统的有益扰动和有益状态耦合效应。此外，基于模糊扰动观测器的节能鲁棒跟踪控制方法构造扰动和状态耦合效应指标，进而判断扰动和状态耦合效应对主动式悬架系统的影响。并且，通过引入由 s 函数实现的触发条件来消除有害扰动和状态耦合效应，同时保留有益扰动和状态耦合效应。

5.2.5　实验结果分析

在本节，为更好地验证基于模糊扰动观测器的节能鲁棒跟踪控制方法（以下简称本章所提控制方法 1）的性能以及节能效果，考虑了正弦以及随机两种路面（图 5.2、图 5.3）。悬架系统参数及仿生非线性参考模型参数参见2.2.5 节。

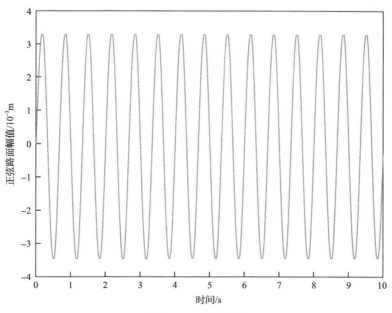

图 5.2　正弦路面

为了更好地验证本章所提控制方法 1 优异的控制性能，将本章所提控制方法 1 与被动式悬架系统以及 ESOT 控制方法进行对比实验。经过仔细地调整，ESOT 控制方法和本章所提控制方法 1 的控制增益如表 5.1 所示，且本

章所提控制方法 1 的隶属度函数选为

$$\mu_{A_j^1}\left(x_j\right)=\frac{1}{1+\mathrm{e}^{6(x_j+0.6)}},\quad \mu_{A_j^2}\left(x_j\right)=\frac{1}{\mathrm{e}^{(x_j+0.4)^2}},\quad \mu_{A_j^3}\left(x_j\right)=\frac{1}{\mathrm{e}^{(x_j+0.2)^2}},\quad \mu_{A_j^4}\left(x_j\right)=\frac{1}{\mathrm{e}^{x_j^2}}$$

$$\mu_{A_j^5}\left(x_j\right)=\frac{1}{\mathrm{e}^{(x_j-0.2)^2}},\quad \mu_{A_j^6}\left(x_j\right)=\frac{1}{\mathrm{e}^{(x_j-0.4)^2}},\quad \mu_{A_j^7}\left(x_j\right)=\frac{1}{1+\mathrm{e}^{-6(x_j-0.6)}}$$

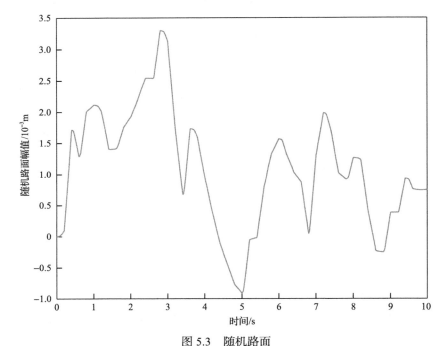

图 5.3　随机路面

表 5.1　ESOT 控制方法和本章所提控制方法 1 的控制增益

控制方法	控制增益
ESOT 控制方法	$b_0=0.4,\ w_0=120,\ k_1=20,\ k_2=20$
本章所提控制方法 1	$k_P=60,\ k_D=20,\ k_S=20,\ \gamma=50$

　　注意到汽车悬架系统应满足衰减汽车振动并且改善悬架性能和驾乘舒适性的要求，其中悬架性能和驾乘舒适性与车体加速度紧密关联。因此图 5.4 和图 5.5 分别显示了被动式悬架系统、ESOT 控制方法以及本章所提控制方法 1 在正弦路面和随机路面下车体加速度的时域响应和频域响应。显然，可以从这些图中观察到本章所提控制方法 1 与被动式悬架系统以及 ESOT 控

制方法相比可以在峰值方面实现优异的悬架性能响应。

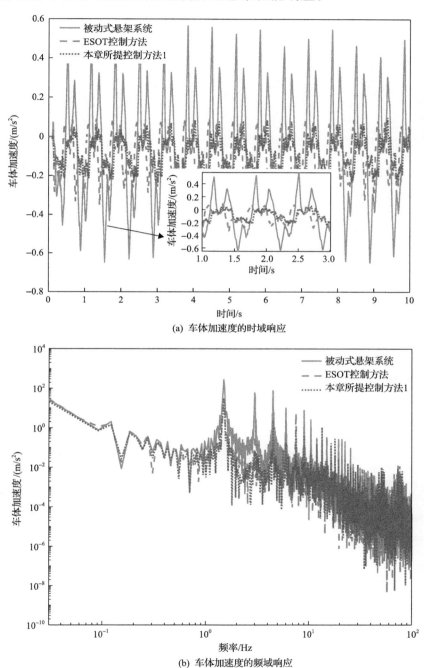

(a) 车体加速度的时域响应

(b) 车体加速度的频域响应

图 5.4　正弦路面下的车体加速度时域响应及频域响应

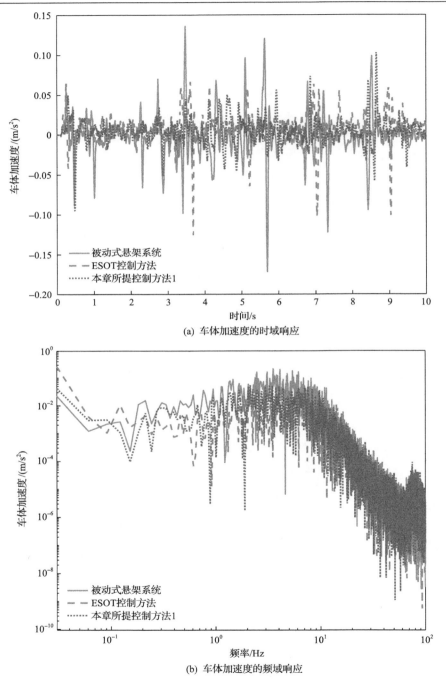

(a) 车体加速度的时域响应

(b) 车体加速度的频域响应

图 5.5　随机路面下的车体加速度时域响应和频域响应

表 5.2 显示了三种悬架系统的车体加速度的均方根，并同时给出了主动

式悬架系统相对于被动式悬架系统的性能提升百分比。从表 5.2 可以看出，使用主动式悬架系统控制，驾乘舒适性可以显著提高，因为与被动式悬架系统相比，本章所提控制方法 1 车体加速度的 RMS 已经降低了 60.83% 和 35.93%。然而，ESOT 控制方法车体加速度的提升程度较低。这些结果说明了本章所提控制方法 1 的优越控制性能。

表 5.2　三种悬架系统车体加速度的均方根比较　　（单位：m/s^2）

控制方法	正弦路面	随机路面
被动式悬架系统	0.2974	0.0270
ESOT 控制方法	0.1398 (↓52.99%)	0.0203 (↓24.81%)
本章所提控制方法 1	0.1165 (↓60.83%)	0.0173 (↓35.93%)

作用在 ESOT 控制方法和本章所提控制方法 1 的主动式悬架系统控制输入的时间响应和频域响应的比较如图 5.6 及图 5.7 所示。本章所提控制方法 1 的控制输入要比 ESOT 控制方法小得多。表 5.3 显示了 ESOT 控制方法和本章所提控制方法 1 的能量消耗的均方根。从表中可明显看出，与 ESOT 控

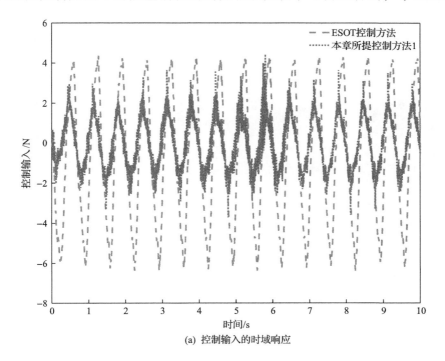

(a) 控制输入的时域响应

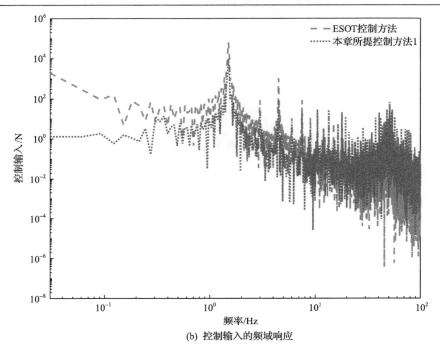

(b) 控制输入的频域响应

图 5.6　正弦路面下的两种控制输入时域响应及频域响应

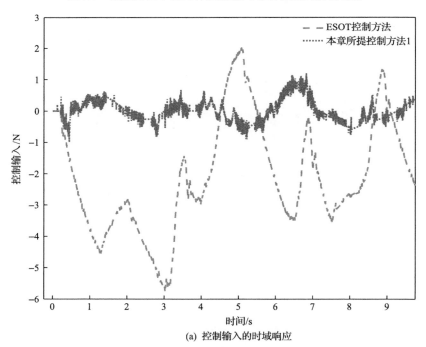

(a) 控制输入的时域响应

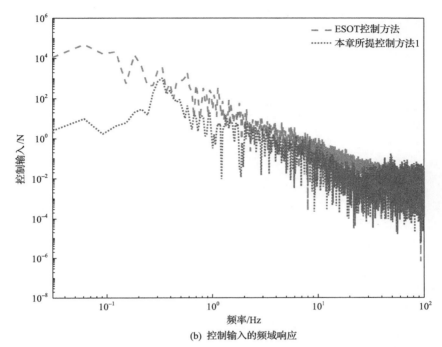

(b) 控制输入的频域响应

图 5.7　随机路面下的两种控制输入时域响应和频域响应

表 5.3　ESOT 控制方法和控制方法 1 的能量消耗的均方根比较　　（单位：W）

控制方法	正弦路面	随机路面
ESOT 控制方法	0.0502	0.0089
本章所提控制方法 1	0.0165 （↓67.13%）	0.0012 （↓86.52%）

制方法相比，本章所提控制方法 1 大大降低了对能量的消耗，因为 RMS 值通过本章所提控制方法 1 针对正弦路面和随机路面降低了 67.13%和 86.52%。这些结果表明了本章所提控制方法 1 的节能性能。

考虑悬架系统的物理安全约束，三种类型悬架系统的悬架行程如图 5.8(a)和图 5.9(a)所示，可以看到受控的悬架行程都落在了可接受的范围内。图 5.8(b)和图 5.9(b)显示了汽车的轮胎行程，从图中可以看出三种悬架系统的轮胎行程都在容许的范围内，这样，汽车的行驶状态是在可操控安全条件下的。

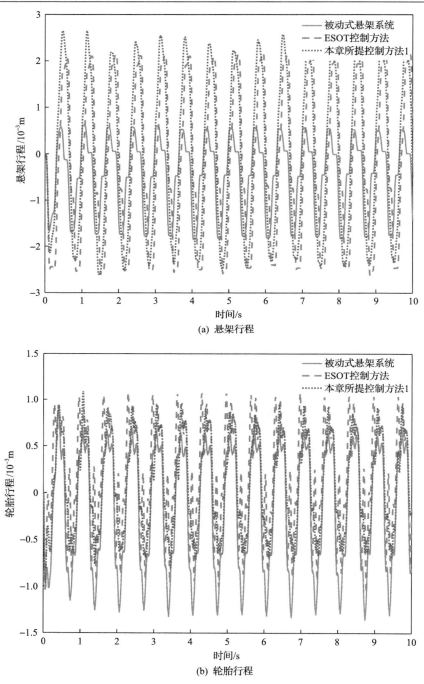

(a) 悬架行程

(b) 轮胎行程

图 5.8 三种悬架系统正弦路面下的悬架行程及轮胎行程

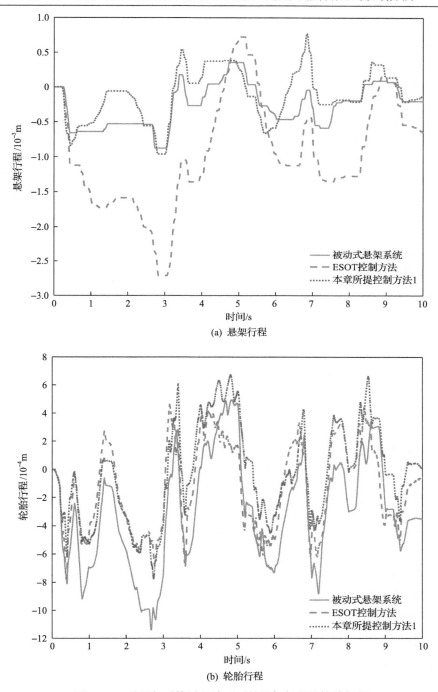

(a) 悬架行程

(b) 轮胎行程

图 5.9　三种悬架系统随机路面下的悬架行程及轮胎行程

5.3 基于二阶滑模的节能鲁棒跟踪控制方法

5.3.1 模型转换

系统的动力学模型参见 3.2.1 节。

为促进接下来控制器的设计，构造滑模面的形式如下：

$$d = \eta e_1 + \dot{e}_1 \tag{5.55}$$

其中，$\eta = \eta_p \dfrac{\overline{k}_s}{\overline{k}_d} \in \mathbb{R}^+$ 为正的控制增益，η_p 为辅助常数。

求式 (5.55) 的时间导数，并代入式 (5.12) 的结果，可导出

$$\overline{m}\dot{d} = -\eta_p d + \frac{\overline{m}_s}{\overline{m}_s + \overline{m}_u}\left(\overline{k}_t z_t + \overline{k}_b \dot{z}_t\right) - \overline{k}_s z_{ed} - \overline{k}_d \dot{z}_{ed} - \overline{m}\ddot{z}_{ed} + \overline{m}\eta\dot{e}_1 + \vartheta + u(t) \tag{5.56}$$

其中，$\overline{m} = \dfrac{\overline{m}_s \overline{m}_u}{\overline{m}_s + \overline{m}_u}$ 为辅助函数；ϑ 为如下形式的集合扰动：

$$\vartheta = \left(\frac{\overline{m}_s \overline{m}_u}{\overline{m}_s + \overline{m}_u} - \frac{m_s m_u}{m_s + m_u}\right)\ddot{z}_{ed} + \left(\frac{m_s m_u}{m_s + m_u} - \frac{\overline{m}_s \overline{m}_u}{\overline{m}_s + \overline{m}_u}\right)\ddot{e}_1 + D \tag{5.57}$$

式中，D 的表达式参考式 (5.10)。

由式 (5.11)、式 (5.55) 可得如下结论：

$$m_u \ddot{z}_t = \eta_p d - k_t z_t - k_b \dot{z}_t - m_u \ddot{z}_r + k_s z_{ed} + k_d \dot{z}_{ed} + \overline{d}_2 - u(t) \tag{5.58}$$

其中，z_t 的定义参见式 (5.9)；$\overline{d}_2 = \left(k_s - \overline{k}_s\right)z_e + \left(k_d - \overline{k}_d\right)\dot{z}_e + d_2$ 为未知的扰动。

假设 5.2 对于主动式悬架系统来说，时变集合扰动 ϑ 及其一阶时间导数是有界的，数学描述为

$$|\vartheta| \leqslant a_p, \quad |\dot{\vartheta}| \leqslant a_d \tag{5.59}$$

假设 5.3 簧下质量与路面之间的位移及其时间导数均为有界的连续函数，满足 $\left|\dfrac{1}{2}\dfrac{\overline{m}_s}{\overline{m}_s + \overline{m}_u}\left(\overline{k}_t z_t + \overline{k}_b \dot{z}_t\right)\right| \leqslant \Omega_0$，其中，$\Omega_0 \in \mathbb{R}^+$ 为正的常数。

5.3.2　非线性扰动观测器设计

为更清楚地说明接下来扰动观测器的设计过程，定义扰动观测误差 $\tilde{\vartheta}$ 为

$$\tilde{\vartheta} = \vartheta - \hat{\vartheta} \tag{5.60}$$

其中，$\hat{\vartheta}$ 为 ϑ 的估计值。根据式 (5.56) 的结构，构造如下形式的非线性扰动观测器：

$$\hat{\vartheta} = c_1 + c_2 \tag{5.61}$$

$$\dot{c}_1 = -Lc_1 - L\left[\begin{array}{l} c_2 + u(t) - \eta_p d + \dfrac{\overline{m}_s}{\overline{m}_s + \overline{m}_u}\left(\overline{k}_t z_t + \overline{k}_b \dot{z}_t\right) \\[2mm] -\overline{k}_s z_{\mathrm{ed}} - \overline{k}_d \dot{z}_{\mathrm{ed}} - \overline{m}\ddot{z}_{\mathrm{ed}} + \overline{m}\eta\dot{e}_1 \end{array}\right] \tag{5.62}$$

$$c_2 = L\overline{m}d \tag{5.63}$$

其中，c_1 和 c_2 为辅助函数；$L \in \mathbb{R}^+$ 为正的观测增益。

定理 5.2　在构造的非线性扰动观测器式 (5.61)～式 (5.63) 的作用下，扰动观测误差 $\tilde{\vartheta}$ 始终限制在如下的允许范围内：

$$\left|\hat{\vartheta}\right| \leqslant b_p, \quad \left|\tilde{\vartheta}\right| \leqslant b_d \tag{5.64}$$

其中，$b_p = \left|\hat{\vartheta}(0)\right| + a_p$ 和 $b_d = \left|\tilde{\vartheta}(0)\right| + \dfrac{a_d}{L}$ 分别表示 $\hat{\vartheta}$ 和 $\tilde{\vartheta}$ 的上界，$\hat{\vartheta}(0)$ 和 $\tilde{\vartheta}(0)$ 分别表示 $\hat{\vartheta}$ 和 $\tilde{\vartheta}$ 的初值。

证明　对式 (5.61) 两端关于时间求导，并将式 (5.61)～式 (5.63) 的结论代入所得公式，不难得到

$$\begin{aligned} \dot{\hat{\vartheta}} &= \dot{c}_1 + \dot{c}_2 \\ &= -Lc_1 - L\left[\begin{array}{l} c_2 + u(t) - \eta_p d + \dfrac{\overline{m}_s}{\overline{m}_s + \overline{m}_u}\left(\overline{k}_t z_t + \overline{k}_b \dot{z}_t\right) \\[2mm] -\overline{k}_s z_{\mathrm{ed}} - \overline{k}_d \dot{z}_{\mathrm{ed}} - \overline{m}\ddot{z}_{\mathrm{ed}} + \overline{m}\eta\dot{e}_1 \end{array}\right] + L\overline{m}\dot{d} \\ &= -Lc_1 - L\left[\begin{array}{l} c_2 + u(t) - \eta_p d + \dfrac{\overline{m}_s}{\overline{m}_s + \overline{m}_u}\left(\overline{k}_t z_t + \overline{k}_b \dot{z}_t\right) \\[2mm] -\overline{k}_s z_{\mathrm{ed}} - \overline{k}_d \dot{z}_{\mathrm{ed}} - \overline{m}\ddot{z}_{\mathrm{ed}} + \overline{m}\eta\dot{e}_1 \end{array}\right] \end{aligned}$$

$$+ L \begin{bmatrix} -\eta_\mathrm{p} d + \dfrac{\overline{m}_\mathrm{s}}{\overline{m}_\mathrm{s} + \overline{m}_\mathrm{u}} \left(\overline{k}_\mathrm{t} z_\mathrm{t} + \overline{k}_\mathrm{b} \dot{z}_\mathrm{t} \right) - \overline{k}_\mathrm{s} z_\mathrm{ed} \\ -\overline{k}_\mathrm{d} \dot{z}_\mathrm{ed} - \overline{m} \ddot{z}_\mathrm{ed} + \overline{m} \eta \dot{e}_1 + \vartheta + u(t) \end{bmatrix}$$
$$= -L c_1 - L c_2 + L \vartheta \tag{5.65}$$
$$= -L \vartheta + L \vartheta$$

求解式(5.65)，可知

$$\hat{\vartheta} \leqslant \hat{\vartheta}(0) \mathrm{e}^{-Lt} + a_\mathrm{p}$$
$$\Rightarrow \left| \hat{\vartheta} \right| \leqslant \left| \hat{\vartheta}(0) \right| + a_\mathrm{p} \tag{5.66}$$
$$\leqslant b_\mathrm{p}$$

由式(5.65)可直接导出

$$\dot{\tilde{\vartheta}} = -L \tilde{\vartheta} + \dot{\vartheta} \tag{5.67}$$

求解式(5.67)，有

$$\tilde{\vartheta} \leqslant \tilde{\vartheta}(0) \mathrm{e}^{-Lt} + \frac{a_\mathrm{d}}{L}$$
$$\Rightarrow \left| \tilde{\vartheta} \right| \leqslant \left| \tilde{\vartheta}(0) \right| + \frac{a_\mathrm{d}}{L} \tag{5.68}$$
$$\leqslant b_\mathrm{d}$$

由式(5.65)和式(5.67)，易得出如下结论：

$$\left| \dot{\hat{\vartheta}} \right| \leqslant L b_\mathrm{d} \tag{5.69}$$

总的来说，定理 5.2 得证。

5.3.3　状态耦合及扰动效应指标

定义 5.3　对式(5.56)来说，状态耦合效应指标构造为

$$J_1 = \mathrm{sgn} \left[d \left(\overline{k}_\mathrm{t} z_\mathrm{t} + \overline{k}_\mathrm{b} \dot{z}_\mathrm{t} \right) \right] \tag{5.70}$$

基于引入的状态耦合效应指标，状态耦合效应对 d 系统[式(5.56)]的影

响定义为

$$\begin{cases} J_1 < 0, & \text{状态耦合效应是好的} \\ J_1 > 0, & \text{状态耦合效应是坏的} \\ J_1 = 0, & \text{状态耦合效应无影响} \end{cases} \tag{5.71}$$

定义 5.4　考虑 d 系统［式(5.56)］，扰动效应指标引入为

$$J_2 = \text{sgn}(d\hat{\vartheta}) \tag{5.72}$$

那么扰动效应对 d 系统［式(5.56)］的影响可定义为

$$\begin{cases} J_2 < 0, & \text{扰动效应是好的} \\ J_2 > 0, & \text{扰动效应是坏的} \\ J_2 = 0, & \text{扰动效应无影响} \end{cases} \tag{5.73}$$

5.3.4　有限时间扰动及状态耦合效应触发的节能控制方法以及稳定性分析

定理 5.3　针对式(5.56)，本节设计的有限时间扰动与状态耦合效应触发的节能控制方法表达式如下：

$$\begin{aligned} u(t) = &-k_1 |d|^{\frac{1}{2}} \text{sgn}(d) - k_2 \int_0^t \text{sgn}(d) \mathrm{d}\tau - \hat{\vartheta} H(J_2) + \eta_{\mathrm{p}} d \\ &- g \frac{\overline{m}_{\mathrm{s}}}{\overline{m}_{\mathrm{s}} + \overline{m}_{\mathrm{u}}} (\overline{k}_{\mathrm{t}} z_{\mathrm{t}} + \overline{k}_{\mathrm{b}} \dot{z}_{\mathrm{t}}) + \overline{k}_{\mathrm{s}} z_{\mathrm{ed}} + \overline{k}_{\mathrm{d}} \dot{z}_{\mathrm{ed}} + \overline{m} \ddot{z}_{\mathrm{ed}} - \overline{m} \eta \dot{e}_1 \end{aligned} \tag{5.74}$$

其中，k_1 和 $k_2 \in \mathbb{R}^+$ 为正的控制增益；函数 g 的表达式为

$$g = \begin{cases} 1, & J_1 \geqslant 0 \\ 1 - |d|^{\frac{1}{2}}, & J_1 < 0 \end{cases} \tag{5.75}$$

$H(J_2)$ 表示如下形式的逻辑函数：

$$H(J_2) = \begin{cases} 1, & J_2 \geqslant 0 \\ 0, & J_2 < 0 \end{cases} \tag{5.76}$$

那么，滑模面可在有限时间内趋于 0，跟踪误差亦在有限时间内趋于 0，不过需满足如下条件：

$$k_1 > 0, \quad k_2 > \overline{\varepsilon} + \left(\frac{2\overline{\varepsilon}}{k_1} + \overline{\varOmega} \right)^2 \tag{5.77}$$

证明　将式(5.74)代入式(5.56)，可得

$$\begin{cases} \overline{m}\dot{d} = -k_1 |d|^{\frac{1}{2}} \operatorname{sgn}(d) + p + (1-g) \dfrac{\overline{m}_\mathrm{s}}{\overline{m}_\mathrm{s} + \overline{m}_\mathrm{u}} \left(\overline{k}_\mathrm{t} z_\mathrm{t} + \overline{k}_\mathrm{b} \dot{z}_\mathrm{t} \right) \\[2mm] \dot{p} = -k_2 \operatorname{sgn}(d) + \dot{\vartheta} - \dot{\hat{\vartheta}} H(J_2) \end{cases} \tag{5.78}$$

其中，p 为引入的辅助函数。

若 $J_1 \geqslant 0$，则 $d\left(\overline{k}_\mathrm{t} z_\mathrm{t} + \overline{k}_\mathrm{b} \dot{z}_\mathrm{t} \right) \geqslant 0$，$(1-g) \dfrac{\overline{m}_\mathrm{s}}{\overline{m}_\mathrm{s} + \overline{m}_\mathrm{u}} \left(\overline{k}_\mathrm{t} z_\mathrm{t} + \overline{k}_\mathrm{b} \dot{z}_\mathrm{t} \right) = 0$。此时，式 (5.78)可计算为

$$\begin{cases} \overline{m}\dot{d} = -k_1 |d|^{\frac{1}{2}} \operatorname{sgn}(d) + p \\[2mm] \dot{p} = k_2 \operatorname{sgn}(d) + \dot{\vartheta} - \dot{\hat{\vartheta}} H(J_2) \end{cases} \tag{5.79}$$

随后，引入新的变量 ϖ：

$$\begin{aligned} \varpi &= \begin{bmatrix} \varpi_1 & \varpi_2 \end{bmatrix}^\mathrm{T} \\ &= \begin{bmatrix} |d|^{\frac{1}{2}} \operatorname{sgn}(d) & p \end{bmatrix}^\mathrm{T} \end{aligned} \tag{5.80}$$

那么李雅普诺夫候选函数构造为

$$V_1(t) = \frac{\overline{m}}{2} \varpi^\mathrm{T} P \varpi \tag{5.81}$$

其中

$$P = \begin{bmatrix} k_1^2 + 4k_2 & -k_1 \\ -k_1 & 2 \end{bmatrix} \tag{5.82}$$

对式 (5.81) 两端关于时间求导，不难得到

$$
\begin{aligned}
\dot{V}_1(t) &= \bar{m}\varpi^{\mathrm{T}} W \dot{\varpi} \\
&= \varpi^{\mathrm{T}} W \left[\frac{1}{2|d|^{\frac{1}{2}}}(-k_1\varpi_1 + \eta) \quad -k_2\,\mathrm{sgn}(d) + \dot{\vartheta} - \dot{\hat{\vartheta}} H(J_2) \right]^{\mathrm{T}} \\
&= \begin{bmatrix} \varpi_1 & \varpi_2 \end{bmatrix} \begin{bmatrix} k_1^2 + 4k_2 & -k_1 \\ -k_1 & 2 \end{bmatrix} \begin{bmatrix} \dfrac{1}{2|d|^{\frac{1}{2}}}(-k_1\varpi_1 + \varpi_2) \\ -k_2\,\mathrm{sgn}(d) + \dot{\vartheta} - \dot{\hat{\vartheta}} H(J_2) \end{bmatrix} \\
&\quad - k_1\varpi_1\left(\dot{\vartheta} - \dot{\hat{\vartheta}} H(J_2)\right) + 2\varpi_2\left[\dot{\vartheta} - \dot{\hat{\vartheta}} H(J_2)\right) \\
&\leqslant -\frac{k_1}{2|d|^{\frac{1}{2}}}\varpi^{\mathrm{T}} W \varpi + \left(\dot{\vartheta} - \dot{\hat{\vartheta}} H(J_2)\right) Y^{\mathrm{T}} \varpi
\end{aligned} \tag{5.83}
$$

其中

$$
Y^{\mathrm{T}} = \begin{bmatrix} -k_1 & 2 \end{bmatrix} \tag{5.84}
$$

$$
W = \begin{bmatrix} k_1^2 & -k_1 - 2\dfrac{k_2}{k_1} \\ -k_1 & 1 \end{bmatrix} \tag{5.85}
$$

注意到 $\left|\dot{\vartheta} - \dot{\hat{\vartheta}} H(J_2)\right| \leqslant \Lambda_0$，其中 $\Lambda_0 = Lb_{\mathrm{p}} + La_{\mathrm{p}} + a_{\mathrm{d}}$，那么不难得出 $\dot{\vartheta} = \bar{\varepsilon}\,\mathrm{sgn}(d)$，$\bar{\varepsilon}$ 表示有界函数，且 $0 < \bar{\varepsilon} \leqslant \Lambda_0$。因此，可得

$$
\begin{aligned}
\dot{V}_1(t) &= -\frac{k_1}{2|d|^{\frac{1}{2}}}\left[\varpi^{\mathrm{T}} W \varpi + 2\bar{\varepsilon}\varpi^{\mathrm{T}}\begin{bmatrix} -k_1 & 2 \end{bmatrix}\varpi\right] \\
&= -\frac{k_1}{2|d|^{\frac{1}{2}}}\varpi^{\mathrm{T}} W_1 \varpi
\end{aligned} \tag{5.86}
$$

其中

$$
W_1 = \begin{bmatrix} k_1^2 + 2k_2 + 2\bar{\varepsilon} & -k_1 - \dfrac{2}{k_1}\bar{\varepsilon} \\ -k_1 - \dfrac{2}{k_1}\bar{\varepsilon} & 1 \end{bmatrix} \tag{5.87}
$$

为保证所控系统的稳定性，只需要保证 W_1 是正定的，即

$$k_1^2 + 2k_2 + 2\overline{\varepsilon} - \left(k_1 + \frac{2}{k_1}\overline{\varepsilon}\right)^2 > 0 \tag{5.88}$$

求解式(5.88)，可得

$$k_1 > 0, \quad k_2 > \overline{\varepsilon} + \frac{2\overline{\varepsilon}^2}{k_1^2} \tag{5.89}$$

由式(5.81)易得

$$\lambda_{\min}(P)\|\varpi\|^2 \leqslant V_1 \leqslant \lambda_{\max}(P)\|\varpi\|^2 \tag{5.90}$$

其中，$\lambda_{\min}$ 和 $\lambda_{\max}$ 为特征根的最小值和最大值。

因此，可知：

$$\dot{V}_1(t) \leqslant -m_1 V_1^{\frac{1}{2}}(t) \tag{5.91}$$

其中，$m_1 = \dfrac{\lambda_{\min}(W_1)\lambda_{\min}^{\frac{1}{2}}(P)}{\lambda_{\max}(P)}$。那么，状态向量 ϖ 可在有限的时间内趋于 0。

如果 $J_1 < 0$，$d\left(\overline{k}_t z_t + \overline{k}_b \dot{z}_t\right) < 0$，在这种情况下，$(1-g)\dfrac{\overline{m}_s}{\overline{m}_s + \overline{m}_u}\left(\overline{k}_t z_t + \overline{k}_b \dot{z}_t\right) = \dfrac{\overline{m}_s}{\overline{m}_s + \overline{m}_u}|d|^{\frac{1}{2}}\left(\overline{k}_t z_t + \overline{k}_b \dot{z}_t\right)$，式(5.78)可相应地修改为

$$\begin{cases} \overline{m}\dot{d} = -k_1|d|^{\frac{1}{2}}\mathrm{sgn}(d) + p + \dfrac{\overline{m}_s}{\overline{m}_s + \overline{m}_u}|d|^{\frac{1}{2}}\left(\overline{k}_t z_t + \overline{k}_b \dot{z}_t\right) \\ \dot{p} = k_2\,\mathrm{sgn}(d) + \dot{\vartheta} \end{cases} \tag{5.92}$$

此时选择相同的李雅普诺夫候选函数：

$$V_1(t) = \frac{\overline{m}}{2}\varpi^{\mathrm{T}}P\varpi \tag{5.93}$$

对式(5.93)两端关于时间求导，可知

$$\dot{V}_1(t) = \bar{m}\varpi^{\mathrm{T}} P \dot{\varpi}$$

$$= \varpi^{\mathrm{T}} P \left[\begin{array}{c} \dfrac{1}{2|d|^{\frac{1}{2}}}(-k_1\varpi_1 + \eta) + \dfrac{\bar{m}_{\mathrm{s}}}{\bar{m}_{\mathrm{s}} + \bar{m}_{\mathrm{u}}}|d|^{\frac{1}{2}}\left(\bar{k}_{\mathrm{t}} z_{\mathrm{t}} + \bar{k}_{\mathrm{b}} \dot{z}_{\mathrm{t}}\right) \\[3mm] -k_2 \operatorname{sgn}(d) + \dot{\vartheta} - \dot{\hat{\vartheta}} H(J_2) \end{array} \right]$$

$$= \dfrac{1}{2|d|^{\frac{1}{2}}} \left[\begin{array}{c} -k_1\varpi_1^2\left(k_1^2 + 4k_2\right) + k_1^2\varpi_1\varpi_2 - k_1\varpi_2^2 \\[2mm] +\left(k_1^2 + 4k_2\right)\varpi_1\varpi_2 + 2k_1 k_2\varpi_1^2 - 4\varpi_1\varpi_2 k_2 \end{array} \right]$$

$$+ \dfrac{1}{2} \dfrac{\bar{m}_{\mathrm{s}}}{\bar{m}_{\mathrm{s}} + \bar{m}_{\mathrm{u}}}\left(\bar{k}_{\mathrm{t}} z_{\mathrm{t}} + \bar{k}_{\mathrm{b}} \dot{z}_{\mathrm{t}}\right)\varpi_1 \ \left(k_1^2 + 4k_2\right) + 2\varpi_2\left(\dot{\vartheta} - \dot{\hat{\vartheta}} H(J_2)\right)$$

$$- \dfrac{1}{2} \dfrac{\bar{m}_{\mathrm{s}}}{\bar{m}_{\mathrm{s}} + \bar{m}_{\mathrm{u}}}\left(\bar{k}_{\mathrm{t}} z_{\mathrm{t}} + \bar{k}_{\mathrm{b}} \dot{z}_{\mathrm{t}}\right)k_1\varpi_2 - k_1\varpi_1\left(\dot{\vartheta} - \dot{\hat{\vartheta}} H(J_2)\right) \qquad (5.94)$$

$$< \dfrac{1}{2|d|^{\frac{1}{2}}} \left[-k_1\varpi_1^2\left(k_1^2 + 2k_2\right) + 2k_1^2\varpi_1\varpi_2 - k_1\varpi_2^2 \right]$$

$$- \dfrac{1}{2} \dfrac{\bar{m}_{\mathrm{s}}}{\bar{m}_{\mathrm{s}} + \bar{m}_{\mathrm{u}}}\left(\bar{k}_{\mathrm{t}} z_{\mathrm{t}} + \bar{k}_{\mathrm{b}} \dot{z}_{\mathrm{t}}\right)k_1\varpi_2$$

$$- k_1\varpi_1\left(\dot{\vartheta} - \dot{\hat{\vartheta}} H(J_2)\right) + 2\varpi_2\left(\dot{\vartheta} - \dot{\hat{\vartheta}} H(J_2)\right)$$

$$= -\dfrac{k_1}{2|d|^{\frac{1}{2}}}\varpi^{\mathrm{T}} W \varpi + \dfrac{1}{2} \dfrac{\bar{m}_{\mathrm{s}}}{\bar{m}_{\mathrm{s}} + \bar{m}_{\mathrm{u}}}\left(\bar{k}_{\mathrm{t}} z_{\mathrm{t}} + \bar{k}_{\mathrm{b}} \dot{z}_{\mathrm{t}}\right)\phi^{\mathrm{T}}\varpi + \left(\dot{\vartheta} - \dot{\hat{\vartheta}} H(J_2)\right)Y^{\mathrm{T}}\varpi$$

其中

$$\phi = \begin{bmatrix} 0 & -k_1\varpi_2 \end{bmatrix}^{\mathrm{T}} \qquad (5.95)$$

注意到，$\left| \dfrac{1}{2} \dfrac{\bar{m}_{\mathrm{s}}}{\bar{m}_{\mathrm{s}} + \bar{m}_{\mathrm{u}}}\left(\bar{k}_{\mathrm{t}} z_{\mathrm{t}} + \bar{k}_{\mathrm{b}} \dot{z}_{\mathrm{t}}\right) \right| \leqslant \Omega_0$，易得 $\dfrac{1}{2} \dfrac{\bar{m}_{\mathrm{s}}}{\bar{m}_{\mathrm{s}} + \bar{m}_{\mathrm{u}}}\left(\bar{k}_{\mathrm{t}} z_{\mathrm{t}} + \bar{k}_{\mathrm{b}} \dot{z}_{\mathrm{t}}\right) = \bar{\Omega}\operatorname{sgn}(d)$，
其中 $0 < \bar{\Omega} \leqslant \Omega_0$。那么，可以导出

$$\dot{V}_1(t) < -\dfrac{k_1}{2|d|^{\frac{1}{2}}}\varpi^{\mathrm{T}} W \varpi + \dfrac{1}{2} \dfrac{\bar{m}_{\mathrm{s}}}{\bar{m}_{\mathrm{s}} + \bar{m}_{\mathrm{u}}}\left(\bar{k}_{\mathrm{t}} z_{\mathrm{t}} + \bar{k}_{\mathrm{b}} \dot{z}_{\mathrm{t}}\right)\phi^{\mathrm{T}}\varpi$$

$$+ \left(\dot{\vartheta} - \dot{\hat{\vartheta}} H(J_2)\right)Y^{\mathrm{T}}\varpi$$

$$< -\frac{k_1}{2|d|^{\frac{1}{2}}}\left[\varpi^{\mathrm{T}}W\varpi + \bar{\Omega}[0 \quad -k_1]\varpi + 2\bar{\varepsilon}\varpi_1[-k_1 \quad 2]\varpi\right] \tag{5.96}$$

$$= -\frac{k_1}{2|d|^{\frac{1}{2}}}\varpi^{\mathrm{T}}W_2\varpi$$

其中

$$W_2 = \begin{bmatrix} k_1^2 + 2k_2 + 2\bar{\varepsilon} & -k_1 - \dfrac{2}{k_1}\bar{\varepsilon} + \bar{\Omega} \\[3mm] -k_1 - \dfrac{2}{k_1}\bar{\varepsilon} + \bar{\Omega} & 1 \end{bmatrix} \tag{5.97}$$

同理，可证明若以下条件满足

$$k_1 > 0, \quad k_2 > \bar{\varepsilon} + \left(\frac{2\bar{\varepsilon}}{k_1} + \bar{\Omega}\right)^2 \tag{5.98}$$

则矩阵 W_2 是正定的，且可推出

$$\dot{V}_1(t) \leqslant -m_2 V_1(t) \tag{5.99}$$

其中，$m_2 = \dfrac{\lambda_{\min}(W_2)\lambda_{\min}^{\frac{1}{2}}(P)}{\lambda_{\max}(P)}$。

由式 (5.91) 及式 (5.99) 不难得到

$$\dot{V}_1(t) \leqslant -m V_1(t) \tag{5.100}$$

其中，$m = \min(m_1, m_2)$。

那么，状态向量 ϖ 在有限时间 t_{f} 内收敛至 0，且有

$$t_{\mathrm{f}} \leqslant \frac{2V_1^{\frac{1}{2}}(0)}{m} \tag{5.101}$$

定理 5.3 得证。

5.3.5 实验结果分析

在本节中，所提出的有限时间滑模控制方法应用于四分之一主动式悬架系统中。考虑如图 2.3 所示的实验室规模的四分之一汽车悬架的实验装置。主动式悬架系统参数参见 2.2.5 节。

为验证所提有限时间滑模控制方法在驾乘舒适性、能耗、悬架行程和轮胎行程等方面的控制性能，考虑两种路面输入：正弦路面(图 2.4)和随机路面(图 2.5)。

为了更好地对比，考虑如下三种控制方法进行。

情形 1：被动式悬架系统。

情形 2：ESOT 控制方法。

情形 3：本章所提有限时间滑模控制方法(以下简称本章所提控制方法 2)。

根据试凑法，ESOT 控制方法的控制增益选择为

$$b_0 = 0.4, \ w_0 = 120, \ k_1 = 20, \ k_2 = 20$$

本章所提控制方法 2 的控制增益调节如下：

$$k_1 = 100, \ k_2 = 20$$

除此之外，仿生非线性参考模型相关的参数参见 2.2.5 节。

作为悬架系统中重要的性能指标，驾乘舒适性可以从加速度信号中客观地观察出。因此，将被动式悬架系统、ESOT 控制方法以及本章所提控制方法 2 的车体加速度信号在图 5.10 以及图 5.11 中进行比较。此外，表 5.4 总结了两种不同路面输入下的车体加速度的均方根。可以从图 5.10 以及图 5.11 中发现本章所提控制方法 2 的车体加速信号的输出幅度是最低的，这也说明了本章所提控制方法 2 在执行器饱和、不确定动态、未知扰动的作用下，在改善驾乘舒适性方面具有一些优点。表 5.4 使用均方根进行被动式悬架系统、ESOT 控制方法和本章所提控制方法 2 的比较。从表 5.4 可以明确看出，正弦路面和随机路面对被动式悬架系统产生了很大的影响，而与被动式悬架系统相比的两个主动控制方法在驾乘舒适性中具有相似的提升水平。

图 5.12 和图 5.13 给出了两种主动控制方法的控制输入图。从图 5.12(a) 和图 5.13(a)可以看出，本章所提控制方法 2 的控制输入比 ESOT 控制方法

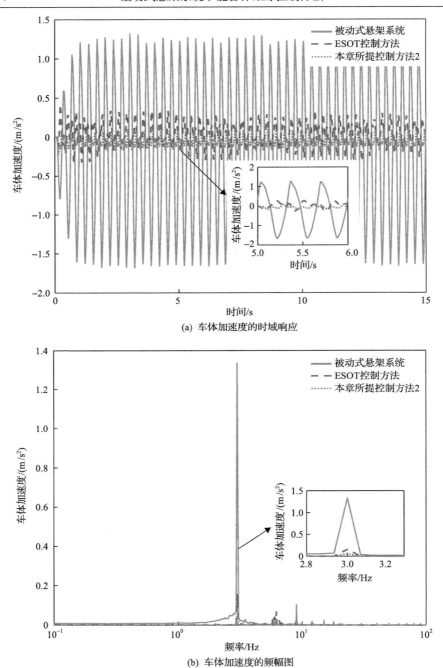

(a) 车体加速度的时域响应

(b) 车体加速度的频幅图

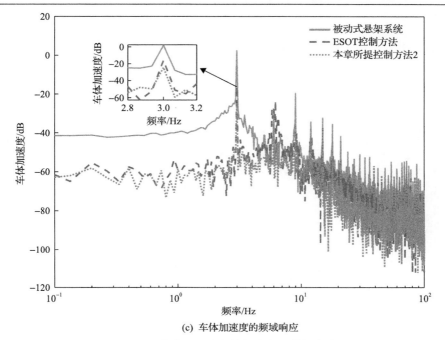

(c) 车体加速度的频域响应

图 5.10　正弦路面下的车体加速度及其频率分量

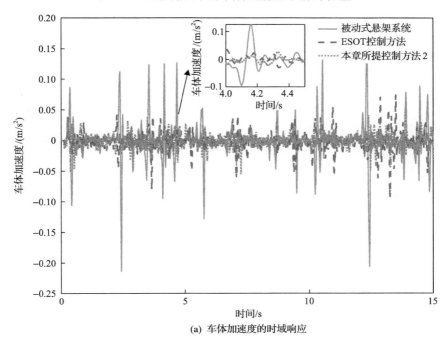

(a) 车体加速度的时域响应

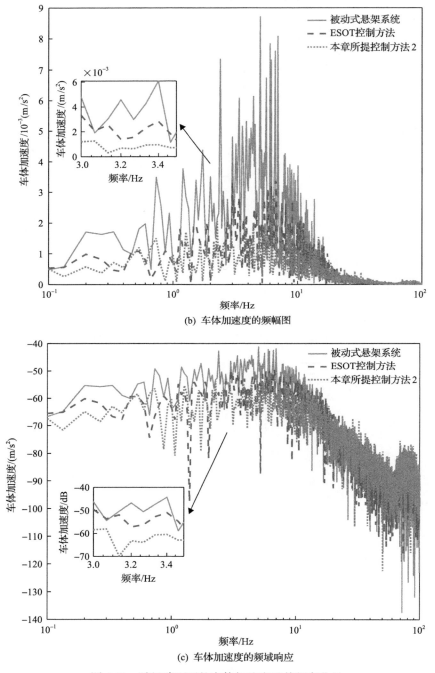

(b) 车体加速度的频幅图

(c) 车体加速度的频域响应

图 5.11　随机路面下的车体加速度及其频率分量

表 5.4 不同控制方法的车体加速度的均方根 （单位：m/s²）

控制方法	正弦路面	随机路面
被动式悬架系统	0.9953	0.0282
ESOT 控制方法	0.1464 (↓85.29%)	0.0153 (↓45.74%)
本章所提控制方法 2	0.0840 (↓91.56%)	0.0109 (↓61.35%)

的控制输入要小得多。另外，ESOT 控制方法的高频分量比本章所提控制方法 2 要大得多。表 5.5 刻画了能量消耗的均方根，本章所提控制方法 2 的能效比已经得到了显著提高。

此外，应该充分考虑到悬架行程和轮胎行程的限制，这意味着悬架工作空间和行驶安全性必须得到满足。三种类型的悬架系统的悬架行程和轮胎行程见图 5.14 和图 5.15。从中可以观察到被控的悬架行程全部落入可接受的范围内，并且还确保了行驶安全性。因此，所有的物理约束在时域中得到了保证。

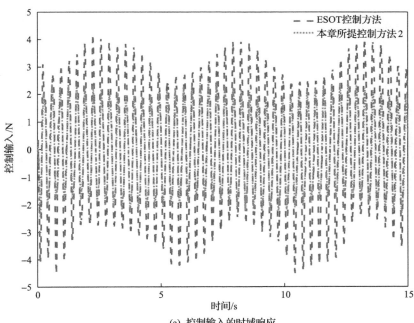

(a) 控制输入的时域响应

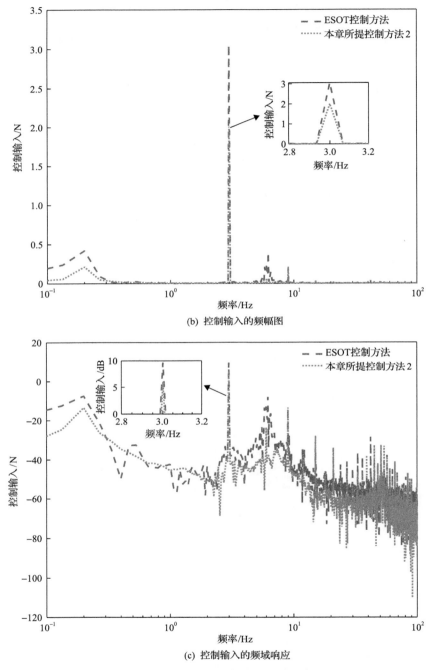

(b) 控制输入的频幅图

(c) 控制输入的频域响应

图 5.12　正弦路面下的控制输入及其频率分量

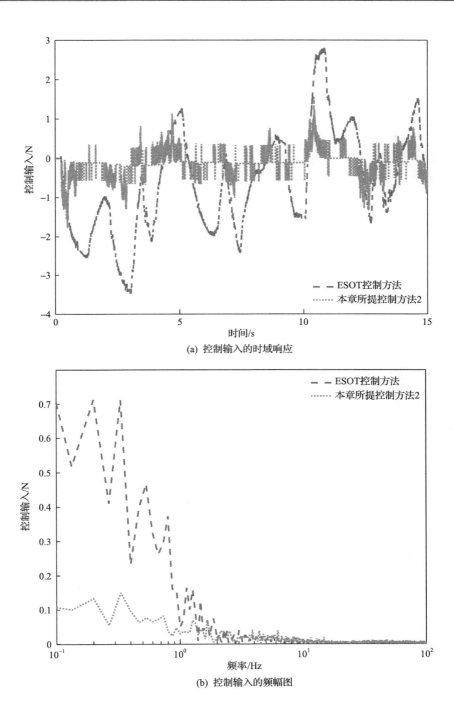

(a) 控制输入的时域响应

(b) 控制输入的频幅图

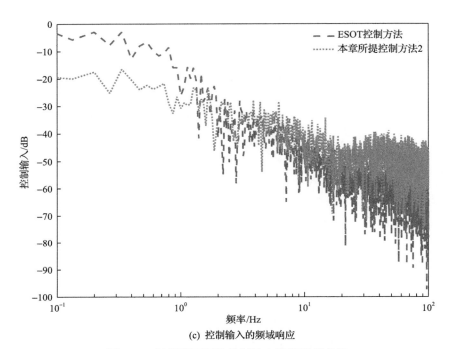

(c) 控制输入的频域响应

图 5.13　随机路面下的控制输入及其频率分量

表 5.5　不同控制方法的能量消耗的均方根　　　　　（单位：W）

控制方法	正弦路面	随机路面
ESOT 控制方法	0.0722	0.0033
本章所提控制方法 2	0.0288 (↓60.11%)	0.0011 (↓66.67%)

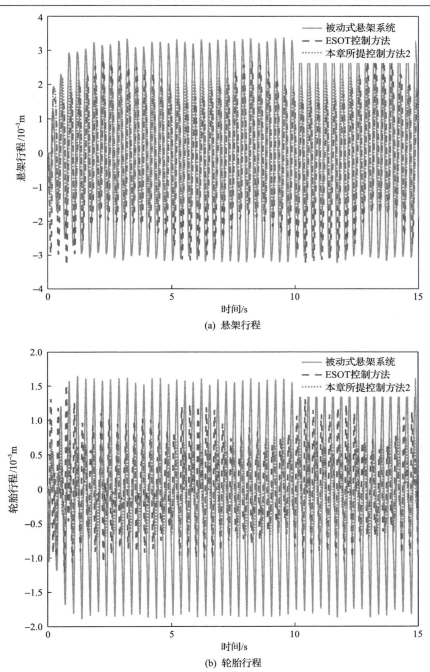

(a) 悬架行程

(b) 轮胎行程

图 5.14　正弦路面下的悬架行程及轮胎行程

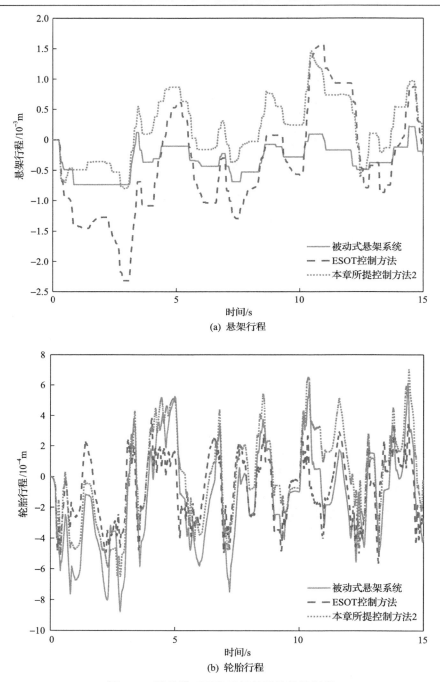

(a) 悬架行程

(b) 轮胎行程

图 5.15　随机路面下的悬架行程及轮胎行程

第6章 具有不匹配扰动和未知控制方向的饱和周期滑模控制方法

6.1 引　　言

针对主动式悬架系统的控制方法都没有考虑未知控制方向和不匹配扰动的影响，但这些因素可能会严重恶化系统的控制性能。在实际的机械系统中，控制方向的不确定性主要有两个原因。一方面，控制输入会受到执行器饱和、死区和时滞引起的强非线性影响[117]。另一方面，执行器故障，如执行器卡死和失效故障，也可能影响控制输入的方向[118]。为了解决未知控制方向的问题，研究人员针对具有不确定性的非线性系统设计了一些基于努斯鲍姆（Nussbaum）增益的控制方法[119-122]，以及滑模控制方法[123-125]。然而，这些控制方法不允许控制系数为 0。并且，这些控制方法也不能处理不匹配扰动的问题。众所周知，由于传感器噪声或数值差分运算，主动式悬架系统中存在不匹配扰动，这些扰动存在于没有控制输入信号的通道中。因此，对于主动式悬架系统来说，迫切需要解决未知控制方向和不匹配扰动的问题，并同时放宽控制方向的约束条件。

为此，本章提出了一种渐近跟踪控制方法。该方法可以处理不匹配扰动、未知控制方向等问题，并在较低能量消耗的情况下实现主动式悬架系统的优异隔振性能。本章的主要贡献可以总结如下。

（1）所提出的控制方法采用周期滑模控制方法和终端滑模扰动观测器（TSMDO），对不匹配扰动和未知控制方向具有较强的鲁棒性。并且，所提控制方法放宽了对控制系数的约束条件。

（2）所提控制方法可保证扰动估计的有限时间收敛。

（3）所提控制方法的结构简单，因此在实际系统中更容易实现。

（4）为了解决主动式悬架系统的高能耗问题，考虑了悬架部件固有非线性的优点，采用了基于仿生动态的参考模型，节省了高达 60%以上的能量消耗。

6.2　主　要　结　果

本节给出了本章的主要结果。更准确地说，首先，为在有限时间内准确估计不匹配扰动，构造了一个终端滑模扰动观测器。随后，设计了饱和周期滑模方法来处理未知控制方向的控制问题。最后，进行稳定性分析。

6.2.1　模型转换

四分之一主动式悬架系统的动力学模型可描述为

$$m_s \ddot{z}_s = -F_s\left(z_s, z_u\right) - F_d\left(\dot{z}_s, \dot{z}_u\right) + d_1 + b(t)u(t) \tag{6.1}$$

$$m_u \ddot{z}_u = F_s\left(z_s, z_u\right) + F_d\left(\dot{z}_s, \dot{z}_u\right) - F_t\left(z_u, z_r\right) - F_b\left(\dot{z}_u, \dot{z}_r\right) + d_2 - b(t)u(t) \tag{6.2}$$

其中，$b(t)$ 为未知控制系数；$F_s\left(z_s, z_u\right)$、$F_d\left(\dot{z}_s, \dot{z}_u\right)$、$F_t\left(z_u, z_r\right)$、$F_b\left(\dot{z}_u, \dot{z}_r\right)$的具体表达式参见式(5.1)～式(5.4)。

由式(6.1)和式(6.2)，可直接得到

$$\begin{aligned} \frac{m_s m_u}{m_s + m_u} \ddot{z}_e = &-F_s\left(z_s, z_u\right) - F_d\left(\dot{z}_s, \dot{z}_u\right) + \frac{m_s}{m_s + m_u} F_t\left(z_u, z_r\right) \\ &+ \frac{m_s}{m_s + m_u} F_b\left(\dot{z}_u, \dot{z}_r\right) + \frac{m_u d_1 - m_s d_2}{m_s + m_u} + b(t)u(t) \end{aligned} \tag{6.3}$$

其中，z_e 的定义参见 2.2.1 节。

将式(2.18)代入式(6.3)，可得

$$\begin{aligned} \frac{m_s m_u}{m_s + m_u} \ddot{e}_1 = &-F_s\left(z_s, z_u\right) - F_d\left(\dot{z}_s, \dot{z}_u\right) + \frac{m_s}{m_s + m_u} F_t\left(z_u, z_r\right) \\ &+ \frac{m_s}{m_s + m_u} F_b\left(\dot{z}_u, \dot{z}_r\right) + \frac{m_u d_1 - m_s d_2}{m_s + m_u} \\ &+ \frac{m_s m_u}{m_s + m_u} \ddot{z}_{ed} + b(t)u(t) \end{aligned} \tag{6.4}$$

通过引入一个已知常数 $\bar{M}$，式(6.4)可修改为

$$
\begin{aligned}
\bar{M}\ddot{e}_1 = & -F_{\mathrm{s}}\left(z_{\mathrm{s}}, z_{\mathrm{u}}\right) - F_{\mathrm{d}}\left(\dot{z}_{\mathrm{s}}, \dot{z}_{\mathrm{u}}\right) + \frac{m_{\mathrm{s}}}{m_{\mathrm{s}}+m_{\mathrm{u}}} F_{\mathrm{t}}\left(z_{\mathrm{u}}, z_{\mathrm{r}}\right) \\
& + \frac{m_{\mathrm{s}}}{m_{\mathrm{s}}+m_{\mathrm{u}}} F_{\mathrm{b}}\left(\dot{z}_{\mathrm{u}}, \dot{z}_{\mathrm{r}}\right) + \frac{m_{\mathrm{u}} d_1 - m_{\mathrm{s}} d_2}{m_{\mathrm{s}}+m_{\mathrm{u}}} + \frac{m_{\mathrm{s}} m_{\mathrm{u}}}{m_{\mathrm{s}}+m_{\mathrm{u}}} \ddot{z}_{\mathrm{ed}} \\
& + \left(\bar{M} - \frac{m_{\mathrm{s}} m_{\mathrm{u}}}{m_{\mathrm{s}}+m_{\mathrm{u}}}\right) \ddot{e}_1 + b(t) u(t) \\
= & \; b(t) u(t) + \Omega
\end{aligned}
\tag{6.5}
$$

其中

$$
\bar{M} = \frac{\bar{m}_{\mathrm{s}} \bar{m}_{\mathrm{u}}}{\bar{m}_{\mathrm{s}} + \bar{m}_{\mathrm{u}}}
$$

$$
\begin{aligned}
\Omega = & -F_{\mathrm{s}}\left(z_{\mathrm{s}}, z_{\mathrm{u}}\right) - F_{\mathrm{d}}\left(\dot{z}_{\mathrm{s}}, \dot{z}_{\mathrm{u}}\right) + \frac{m_{\mathrm{s}}}{m_{\mathrm{s}}+m_{\mathrm{u}}} F_{\mathrm{t}}\left(z_{\mathrm{u}}, z_{\mathrm{r}}\right) \\
& + \frac{m_{\mathrm{s}}}{m_{\mathrm{s}}+m_{\mathrm{u}}} F_{\mathrm{b}}\left(\dot{z}_{\mathrm{u}}, \dot{z}_{\mathrm{r}}\right) + \frac{m_{\mathrm{u}} d_1 - m_{\mathrm{s}} d_2}{m_{\mathrm{s}}+m_{\mathrm{u}}} + \frac{m_{\mathrm{s}} m_{\mathrm{u}}}{m_{\mathrm{s}}+m_{\mathrm{u}}} \ddot{z}_{\mathrm{ed}} + \left(\bar{M} - \frac{m_{\mathrm{s}} m_{\mathrm{u}}}{m_{\mathrm{s}}+m_{\mathrm{u}}}\right) \ddot{e}_1
\end{aligned}
$$

式中，$\bar{m}_{\mathrm{s}}$ 和 $\bar{m}_{\mathrm{u}}$ 分别为 m_{s} 和 m_{u} 的名义值；Ω 为未知集合扰动。

随后，引入两个状态变量：

$$
z_1 = e_1, \quad z_2 = \dot{e}_1
\tag{6.6}
$$

由式 (6.5) 及式 (6.6)，可得带有未知控制方向的主动式悬架系统的状态方程：

$$
\begin{cases}
\dot{z}_1 = z_2 + \varXi \\
\bar{M} \dot{z}_2 = b(t) u(t) + \Omega
\end{cases}
\tag{6.7}
$$

其中，$\varXi$ 为由数值差分运算造成的噪声，即为不匹配扰动。

做如下合理的假设。

假设 6.1　未知集合扰动 Ω 以及不匹配扰动 $\varXi$ 是有界的，数学描述为

$$
|\Omega| \leqslant \bar{\Omega}, \quad |\varXi| \leqslant \bar{\varXi}
\tag{6.8}
$$

其中，$\bar{\Omega}$、$\bar{\varXi} \in \mathbb{R}^+$ 分别为 Ω 及 $\varXi$ 的上界。

假设 6.2　未知控制系数 $b(t)$ 是有界的，表示为

$$|b(t)| \leqslant \overline{b} \tag{6.9}$$

其中，$\overline{b} \in \mathbb{R}^+$ 为 $b(t)$ 的上界。

假设 6.3　悬架行程是有界的，数学描述为

$$|z_{ed}| \leqslant v_1, \quad |\dot{z}_{ed}| \leqslant v_2, \quad |\ddot{z}_{ed}| \leqslant v_3 \tag{6.10}$$

其中，v_1、v_2、$v_3 \in \mathbb{R}^+$ 分别为 z_{ed}、$\dot{z}_{ed}$、$\ddot{z}_{ed}$ 的上界。

引理 6.1　若正定李雅普诺夫候选函数 $V(t)$ 满足

$$\dot{V}(t) + \varphi_1 V(t) + \varphi_2 V^\gamma(t) \leqslant 0, \quad \forall t > 0 \tag{6.11}$$

其中，$\varphi_1 > 0$；$\varphi_2 > 0$；$0 < \gamma < 1$。那么，$V(t)$ 在有限时间 t_f 内

$$t_f \leqslant t_0 + \frac{1}{\varphi_1(1-\gamma)} \ln \frac{\varphi_1 V^{1-\gamma}(t_0) + \varphi_2}{\varphi_2} \tag{6.12}$$

收敛于 0，t_0 为初始时间。

为了更好地评估所设计控制方法的隔振性能、驾乘舒适性以及节能性，引入车体位移 z_s、车体加速度 $\ddot{z}_s$ 以及控制能量消耗 γ_+ 的均方根：

$$\begin{cases} \mathrm{RMS}(z_s) = \sqrt{\dfrac{1}{T} \displaystyle\int_0^T z_s^2 \mathrm{d}t} \\[2mm] \mathrm{RMS}(\ddot{z}_s) = \sqrt{\dfrac{1}{T} \displaystyle\int_0^T \ddot{z}_s^2 \mathrm{d}t} \\[2mm] \mathrm{RMS}(\gamma_+) = \sqrt{\dfrac{1}{T} \displaystyle\int_0^T \gamma_+^2 \mathrm{d}t} \end{cases} \tag{6.13}$$

其中，T 为实验时间；γ_+ 的表达式如下：

$$\gamma_+ = \begin{cases} \dot{z}_e u(t), & \dot{z}_e u(t) > 0 \\ 0, & \text{其他} \end{cases} \tag{6.14}$$

6.2.2　终端滑模扰动观测器的设计

为在有限时间内估计不匹配扰动 $\varXi$，设计了终端滑模扰动观测器。

针对非线性动态系统式(6.7)，定义如下形式的辅助变量 s_1：

$$s_1 = \varpi_1 - z_1 \tag{6.15}$$

其中，ϖ_1 的表达式为

$$\dot{\varpi}_1 = -\sigma_1 s_1 - \sigma_2 \operatorname{sgn}(s_1) - \sigma_3 s_1^{q/p} - |z_2| \operatorname{sgn}(s_1) \tag{6.16}$$

其中，σ_1、σ_2、$\sigma_3 \in \mathbb{R}^+$ 为正的控制增益；p 和 q 为正的奇数，且 $p > q$。

在此基础上，终端滑模扰动观测器设计为

$$\hat{\varXi} = -\sigma_1 s_1 - \sigma_2 \operatorname{sgn}(s_1) - \sigma_3 s_1^{q/p} - |z_2| \operatorname{sgn}(s_1) - z_2 \tag{6.17}$$

考虑到式(6.7)、式(6.15)及式(6.17)，扰动观测误差可计算为

$$
\begin{aligned}
\tilde{\varXi} &= \hat{\varXi} - \varXi \\
&= -\sigma_1 s_1 - \sigma_2 \operatorname{sgn}(s_1) - \sigma_3 s_1^{q/p} - |z_2| \operatorname{sgn}(s_1) - \dot{z}_1 \\
&= -\sigma_1 s_1 - \sigma_2 \operatorname{gn}(s_1) - \sigma_3 s_1^{q/p} - |z_2| \operatorname{sgn}(s_1) - \dot{\varpi}_1 + \dot{s}_1 \\
&= \dot{s}_1
\end{aligned} \tag{6.18}
$$

定理 6.1　针对非线性动态系统式(6.7)，所设计的终端滑模扰动观测器 [式(6.15)～式(6.17)]可保证式(6.18)给出的扰动观测误差在有限时间内收敛至 0。

证明　李雅普诺夫候选函数构造如下：

$$V_0 = \frac{1}{2} s_1^2 \tag{6.19}$$

对式(6.19)两端关于时间求导，并将式(6.15)及式(6.16)的结果代入其中，可得

$$
\begin{aligned}
\dot{V}_0 &= s_1 \dot{s}_1 = s_1(\dot{\varpi}_1 - \dot{z}_1) \\
&= s_1(-\sigma_1 s_1 - \sigma_2 \operatorname{sgn}(s_1) - \sigma_3 s_1^{q/p} - |z_2| \operatorname{sgn}(s_1) - z_2 - \varXi)
\end{aligned}
$$

$$
\begin{aligned}
&= -\sigma_1 s_1^2 - \sigma_2 |s_1| - \sigma_3 s_1^{(p+q)/p} - |z_2||s_1| - z_2 s_1 - s_1 \varXi \\
&\leqslant -\sigma_1 s_1^2 - (\sigma_2 - \bar{\varXi})|s_1| - \sigma_3 s_1^{(p+q)/p}
\end{aligned}
\tag{6.20}
$$

若控制增益 σ_2 满足 $\sigma_2 > \bar{\varXi}$，那么 $\dot{V}_0$ 可计算为

$$
\begin{aligned}
\dot{V}_0 &\leqslant -\sigma_1 s_1^2 - \sigma_3 s_1^{(p+q)/p} \\
&\leqslant -2\sigma_1 V_0 - 2^{(p+q)/2p}\sigma_3 V_0^{(p+q)/2p}
\end{aligned}
\tag{6.21}
$$

根据引理 6.1，辅助变量 s_1 在有限时间 T_m 内收敛至 0，其中 T_m 的表达式为

$$
T_m \leqslant t_0 + \frac{p}{\sigma_1(p-q)} \ln\left(\frac{2\sigma_1 V^{(p-q)/2p}(t_0)}{2^{(p+q)/2p}\sigma_3} + 1 \right)
\tag{6.22}
$$

其中，t_0 为初始时间。且有如下结果成立：

$$
\left|\tilde{\varXi}\right| \leqslant a, \quad \left|\dot{\hat{\varXi}}\right| \leqslant \delta_1, \quad \left|\dot{\hat{\varXi}}\right| \leqslant \delta_2, \quad \lim_{t\to\infty}\tilde{\varXi} = 0
\tag{6.23}
$$

其中，a、δ_1、$\delta_2 \in \mathbb{R}^+$ 分别为 $\left|\tilde{\varXi}\right|$、$\left|\hat{\varXi}\right|$ 及 $\left|\dot{\hat{\varXi}}\right|$ 的上界。

6.2.3 饱和周期滑模控制方法设计及稳定性分析

引入辅助变量 ζ 为

$$
\zeta = \bar{M} z_2 + \alpha \bar{M} z_1 + \bar{M} \hat{\varXi}
\tag{6.24}
$$

其中，$\alpha \in \mathbb{R}^+$ 为一个常数。

对式 (6.24) 两端关于时间求导，可得

$$
\begin{aligned}
\dot{\zeta} &= \bar{M}\dot{z}_2 + \alpha\bar{M}\dot{z}_1 + \bar{M}\dot{\hat{\varXi}} \\
&= b(t)u(t) + \varOmega + \alpha\bar{M}z_2 + \alpha\bar{M}\varXi + \bar{M}\dot{\hat{\varXi}}
\end{aligned}
\tag{6.25}
$$

紧接着，定义如下形式的积分滑模面：

$$
s_2 = \zeta + \beta_1 \int_0^t \left[\mathrm{sgn}(\zeta) - \beta_2 \mathrm{sgn}(s_2 - \varGamma\epsilon) - \frac{\alpha\bar{M}\hat{\varXi}}{\beta_1} \right] \mathrm{d}\tau
\tag{6.26}
$$

其中，β_1、$\beta_2 \in \mathbb{R}^+$ 为正的控制参数；$\Gamma \in \mathbb{Z}$ 为整数；$\epsilon > 0$ 为小的正数。

对式 (6.26) 两端关于时间求导，并将式 (6.25) 的结果代入可得

$$
\begin{aligned}
\dot{s}_2 &= \dot{\zeta} + \beta_1 \operatorname{sgn}(\zeta) - \beta_1\beta_2 \operatorname{sgn}(s_2 - \Gamma\epsilon) - \alpha\bar{M}\dot{\bar{\Xi}} \\
&= b(t)u(t) + \Omega + \alpha\bar{M}z_2 - \alpha\bar{M}\tilde{\Xi} + \bar{M}\dot{\tilde{\Xi}} + \beta_1 \operatorname{sgn}(s_2) - \beta_1\beta_2 \operatorname{sgn}(s_2 - \Gamma\epsilon)
\end{aligned}
\tag{6.27}
$$

基于此，所设计的饱和周期滑模控制方法为

$$
u(t) = K \operatorname{sgn}\left[\sin\left(\frac{\pi}{\epsilon} s_2 \right) \right]
\tag{6.28}
$$

其中，$K \in \mathbb{R}^+$ 为正的控制增益。

将式 (6.28) 代入式 (6.27)，可得

$$
\begin{aligned}
\dot{s}_2 &= Kb(t)\operatorname{sgn}\left[\sin\left(\frac{\pi}{\epsilon} s_2 \right) \right] + \Omega + \alpha\bar{M}z_2 - \alpha\bar{M}\tilde{\Xi} \\
&\quad + \bar{M}\dot{\tilde{\Xi}} + \beta_1 \operatorname{sgn}(\zeta) - \beta_1\beta_2 \operatorname{sgn}(s_2 - \Gamma\epsilon)
\end{aligned}
\tag{6.29}
$$

定理 6.2 针对主动式悬架系统式 (6.7)，若下述不等式成立

$$
\begin{cases}
\beta_1(\beta_2 - 1) \geqslant K\bar{b} + \bar{\Omega} + \alpha\bar{M}|z_2| + \bar{M}\delta_2 + \alpha\bar{M}b \\
\beta_1 > \alpha\bar{M}\bar{\Xi} \\
K \leqslant u_{\max}
\end{cases}
\tag{6.30}
$$

则所设计的基于终端滑模的饱和周期滑模控制方法式 (6.28) 可保证悬架行程的跟踪误差 e_1 在 0 附近有界，且控制输入始终保持在允许的范围内：

$$
|u| \leqslant u_{\max}
\tag{6.31}
$$

其中，$u_{\max} \in \mathbb{R}^+$ 为控制输入的最大允许值。

证明 为证明所控系统的稳定性，构造如下正定李雅普诺夫候选函数：

$$
V(t) = \frac{1}{2}(s_2 - \Gamma\epsilon)^2
\tag{6.32}
$$

对式 (6.32) 两端关于时间求导，可得

$$
\begin{aligned}
\dot{V}(t) &= (s_2 - \Gamma\epsilon)\dot{s}_2 \\
&= (s_2 - \Gamma\epsilon)\left\{ Kb(t)\,\mathrm{sgn}\left[\sin\left(\frac{\pi}{\epsilon}s_2\right)\right] + \Omega + \alpha\bar{M}z_2 \right. \\
&\left. \quad - \alpha\bar{M}\tilde{\Xi} + \bar{M}\dot{\tilde{\Xi}} + \beta_1\,\mathrm{sgn}(\zeta) - \beta_1\beta_2\,\mathrm{sgn}(s_2 - \Gamma\epsilon) \right\}
\end{aligned}
\tag{6.33}
$$

接下来，将讨论两种情况。

情况 1，当 Γ 为奇数时，在 $s_2 = \Gamma\epsilon$ 的邻域，可直接得出如下结果：

$$
\mathrm{sgn}\left[\sin\left(\frac{\pi}{\epsilon}s_2\right)\right] = -\mathrm{sgn}(s_2 - \Gamma\epsilon)
\tag{6.34}
$$

将式 (6.8)、式 (6.23)、式 (6.34) 代入式 (6.33)，可得

$$
\begin{aligned}
\dot{V}(t) &= (s_2 - \Gamma\epsilon)\left[-Kb(t)\,\mathrm{sgn}(s_2 - \Gamma\epsilon) + \Omega + \alpha\bar{M}z_2 - \alpha\bar{M}\tilde{\Xi} \right. \\
&\left. \quad + \bar{M}\dot{\tilde{\Xi}} + \beta_1\,\mathrm{sgn}(\zeta) - \beta_1\beta_2\,\mathrm{sgn}(s_2 - \Gamma\epsilon) \right] \\
&= -Kb(t)\left|s_2 - \Gamma\epsilon\right| - \beta_1\beta_2\left|s_2 - \Gamma\epsilon\right| \\
&\quad + (s_2 - \Gamma\epsilon)\left(\Omega + \alpha\bar{M}z_2 - \alpha\bar{M}\tilde{\Xi} + \bar{M}\dot{\tilde{\Xi}} + \beta_1\,\mathrm{sgn}(\zeta) \right) \\
&\leqslant \left[-Kb(t) - \beta_1(\beta_2 - 1) + \bar{\Omega} + \alpha\bar{M}\left|z_2\right| + \alpha\bar{M}a + \bar{M}\delta_2 \right]\left|s_2 - \Gamma\epsilon\right|
\end{aligned}
\tag{6.35}
$$

情况 2，当 Γ 为偶数时，在 $s_2 = \Gamma\epsilon$ 的邻域，可直接得出如下结果：

$$
\mathrm{sgn}\left[\sin\left(\frac{\pi}{\epsilon}s_2\right)\right] = \mathrm{sgn}(s_2 - \Gamma\epsilon)
\tag{6.36}
$$

将式 (6.8)、式 (6.23)、式 (6.36) 代入式 (6.33)，可得

$$
\begin{aligned}
\dot{V}(t) &= (s_2 - \Gamma\epsilon)\left[Kb(t)\,\mathrm{sgn}(s_2 - \Gamma\epsilon) + \Omega + \alpha\bar{M}z_2 - \alpha\bar{M}\tilde{\Xi} \right. \\
&\left. \quad + \bar{M}\dot{\tilde{\Xi}} + \beta_1\,\mathrm{sgn}(\zeta) - \beta_1\beta_2\,\mathrm{sgn}(s_2 - \Gamma\epsilon) \right] \\
&= Kb(t)\left|s_2 - \Gamma\epsilon\right| - \beta_1\beta_2\left|s_2 - \Gamma\epsilon\right|
\end{aligned}
$$

$$+(s_2 - \varGamma\epsilon)\Big(\varOmega + \alpha\bar{M}z_2 - \alpha\bar{M}\tilde{\varXi} + \bar{M}\dot{\tilde{\varXi}} + \beta_1\operatorname{sgn}(\zeta)\Big)$$
$$\leqslant \Big[Kb(t) - \beta_1(\beta_2 - 1) + \bar{\varOmega} + \alpha\bar{M}\big|z_2\big| + \alpha\bar{M}a + \bar{M}\delta_2\Big]\big|s_2 - \varGamma\epsilon\big| \tag{6.37}$$

结合式（6.35）及式（6.37），并考虑式（6.9）的结果，可得

$$\dot{V}(t) \leqslant \Big[K\big|b(t)\big| - \beta_1(\beta_2 - 1) + \bar{\varOmega} + \alpha\bar{M}\big|z_2\big| + \alpha\bar{M}a + \bar{M}\delta_2\Big]\big|s_2 - \varGamma\epsilon\big|$$
$$\leqslant \Big[K\bar{b} - \beta_1(\beta_2 - 1) + \bar{\varOmega} + \alpha\bar{M}\big|z_2\big| + \alpha\bar{M}a + \bar{M}\delta_2\Big]\big|s_2 - \varGamma\epsilon\big| \tag{6.38}$$

若控制参数 β_1 和 β_2 满足

$$\beta_1(\beta_2 - 1) \geqslant K\bar{b} + \bar{\varOmega} + \alpha\bar{M}\big|z_2\big| + \alpha\bar{M}a + \bar{M}\delta_2 \tag{6.39}$$

则可直接导出如下结论：

$$\dot{V}(t) \leqslant -\varrho\sqrt{2}V^{\frac{1}{2}}(t) \tag{6.40}$$

其中，$\varrho = \beta_1(\beta_2 - 1) - K\bar{b} - \bar{\varOmega} - \alpha\bar{M}\big|z_2\big| - \alpha\bar{M}a - \bar{M}\delta_2 > 0$。

由式（6.32）及式（6.40）的结论，可知积分滑模面 s_2 在有限时间内趋于 $\varGamma\epsilon$，此时

$$\dot{s}_2 = \dot{\zeta} + \beta_1\operatorname{sgn}(\zeta) - \alpha\bar{M}\hat{\varXi} = 0 \tag{6.41}$$

若控制增益 β_1 满足 $\beta_1 > \alpha\bar{M}\delta_1$，辅助函数 ζ 在有限时间趋于 0。此时，式（6.24）可写为

$$\zeta = \bar{M}z_2 + \alpha\bar{M}z_1 + \bar{M}\hat{\varXi} = \kappa$$
$$\Rightarrow \bar{M}\dot{z}_1 + \alpha\bar{M}z_1 - \kappa = 0 \tag{6.42}$$

其中，κ 为一个很小的常数。

那么，由 κ 的一致有界可知状态 x_1 是渐近稳定的，表明 $\lim\limits_{t\to\infty}z_1 = 0$，因此，$\lim\limits_{t\to\infty}e_1 = 0$。

此外，由式（6.28）可直接得出

$$|u| \leqslant K \leqslant u_{\max} \tag{6.43}$$

由此，定理 6.2 得证。

6.2.4　仿真和实验结果分析

本节通过仿真验证了所设计控制方法针对未知控制方向的鲁棒性。在此基础上进一步通过四分之一主动式悬架实验平台验证了所提饱和周期滑模控制方法的鲁棒性和有效性。

1. 仿真结果分析

为了验证所提饱和周期滑模控制方法针对未知控制方向的鲁棒性，考虑如下形式的未知控制系数：

$$b(t) = \begin{cases} 1, & 0\text{s} \leqslant t \leqslant 2.8\text{s} \\ -\tanh[50(t-2.9)], & 2.8\text{s} < t \leqslant 3\text{s} \\ \tanh[50(t-3.1)], & 3\text{s} < t \leqslant 3.2\text{s} \\ 1, & 3.2\text{s} < t \leqslant 6.8\text{s} \\ -\tanh[50(t-6.9)], & 6.8\text{s} < t \leqslant 7\text{s} \\ \tanh[50(t-7.1)], & 7\text{s} < t \leqslant 7.2\text{s} \\ 1, & 7.2\text{s} < t \leqslant 10\text{s} \end{cases}$$

系统参数的名义值设定为

$$\overline{m}_s = 2.45\text{kg}, \quad \overline{m}_u = 1\text{kg}, \quad \overline{k}_{s1} = 900\,\text{N/m}, \quad \overline{k}_{s2} = 10\text{N/m}^3,$$

$$\overline{k}_d = 8\text{N·s/m}, \quad \overline{k}_t = 2500\text{N/m}, \quad \overline{k}_b = 5\text{N·s/m}, \quad \overline{u}_{\max} = 38\text{N}$$

所有状态的初始值设置为 0，此外，路面激励设为

$$z_r = 0.01\sin(4\pi t) + 0.004\sin t$$

为更好地突出所提控制方法优异的控制性能，选用输出反馈有限时间控制（OFTC）方法作为对比。经过不断试凑，OFTC 方法的控制增益调节为 $p = 5$，$q = 170$，$\alpha_1 = 0.8$，$c_6 = 20$，$c_7 = 60$。除此之外，所提饱和周期滑模控制方法（以下简称本章所提控制方法）的控制增益调整为 $\alpha = 11$，$\beta_1 = 4$，$\beta_2 = 8$，$\epsilon = 0.04$，$\Gamma = 1$，$K = 14$，$\sigma_1 = \sigma_2 = \sigma_3 = 0.1$。

仿真结果见图 6.1～图 6.3。此外，表 6.1 包括车体竖直位移、车体加速度的均方根值和最大值，能耗的均方根值，控制输入的最大值，悬架行程以

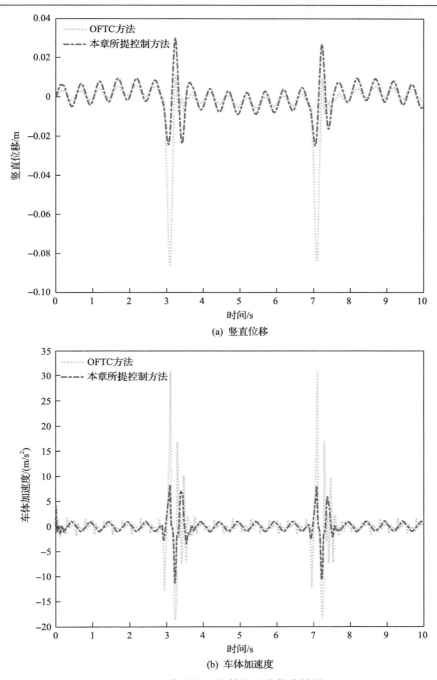

(a) 竖直位移

(b) 车体加速度

图 6.1　竖直位移、车体加速度仿真结果

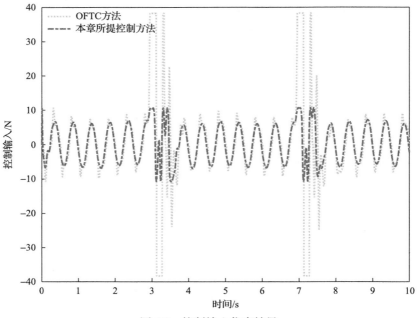

图 6.2　控制输入仿真结果

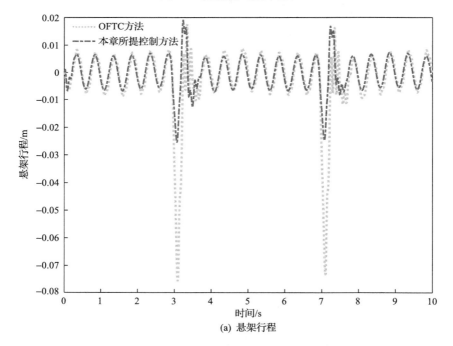

(a) 悬架行程

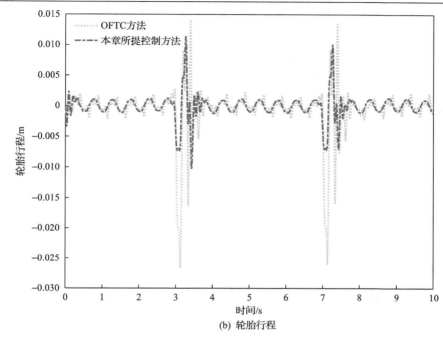

(b) 轮胎行程

图 6.3　悬架行程、轮胎行程仿真结果

表 6.1　量化结果

变量		OFTC 方法	本章所提控制方法
竖直位移 $\|z_s\|/m$	最大值	0.0860	0.0299
	均方根值	0.0131	0.0074
车体加速度 $\|\ddot{z}_s\|/(m/s^2)$	最大值	30.9385	11.3036
	均方根值	3.7252	1.7404
能耗 $\|r_+\|$ 均方根值/W		2.5043	0.1767
控制输入 $\|u(t)\|$ 最大值/N		38	10.6623
悬架行程 $\|z_e\|$ 最大值/m		0.0755	0.0253
轮胎行程 $\|z_u - z_r\|$ 最大值/m		0.0266	0.0104

及轮胎行程的最大值。图 6.1 所示为车体竖直位移以及车体加速度的曲线图。

很明显，在控制方向未知的情况下，车体的竖直位移以及车体加速度的最大值以及均方根值远远小于对比方法 OFTC。这些结果表明与 OFTC 方法相比，本章所提控制方法的隔振性能以及驾乘舒适性受未知方向的影响较小。

图 6.2 所示为 OFTC 方法以及本章所提控制方法的控制输入。从图 6.2以及表 6.1 可知，在控制方向未知的情况下，OFTC 方法的控制输入达到了最大允许值 38N，而本章所提控制方法的最大值只有 10.6623N。除此之外，由表 6.1 可知，本章所提控制方法的能耗均方根值远远小于对比的 OFTC 方法。这些结果表明，本章所提控制方法在能耗较少的情况下可保证更好的隔振性能以及驾乘舒适性。

图 6.3 所示为悬架行程以及轮胎行程。实验平台的最大悬架行程为 $z_{\text{emax}} = 3.8\,\text{cm}$。由图 6.3 可知，OFTC 方法的悬架行程（7.55cm）远远超过了其物理约束。相反地，本章所提控制方法的悬架行程始终在允许的范围内。以上所有的结果均表明本章所提控制方法针对未知控制方向具有很强的鲁棒性。

2. 实验结果分析

随后，为进一步确定本章所提控制方法的实际控制性能，将在实际的主动式悬架系统平台（图 2.3）上进行测试。

主动式悬架系统的物理参数和仿真中的一致，实验中的路面激励给定为

$$z_{\text{r}} = \begin{cases} 0\,\text{m}, & 0\,\text{s} \leqslant t < 0.1\,\text{s} \\ 0.003\sin\left[(t-0.1)(1.2489t+0.8521)\right]\,\text{m}, & 0.1\,\text{s} \leqslant t \leqslant 10\,\text{s} \end{cases}$$

此外，未知控制参数 $b(t)$ 设置为 1。

为了更好地评估本章所提控制方法的优异控制性能，考虑如下四种悬架系统。

（1）被动式悬架系统，记作 PSS。

（2）输出反馈有限时间控制方法，记作 OFTC。该方法的控制增益与仿真中的相同。

（3）未考虑不匹配扰动[式(6.15)～式(6.17)]的方法，记作 RSPSMC 方法。

（4）本章所提控制方法，记作 SPSMC。控制增益与仿真中的结果一致。

四种类型的悬架系统的实验结果见图 6.4～图 6.8，且竖直位移、车体加速度、能耗的均方根值见表 6.2。图 6.4 所示为竖直位移的时域响应以及频

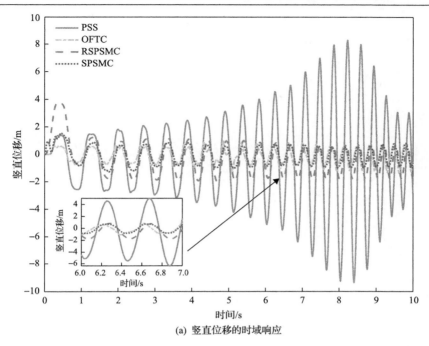

(a) 竖直位移的时域响应

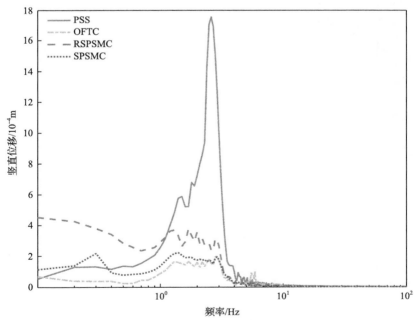

(b) 竖直位移的频域响应

图 6.4　竖直位移实验结果

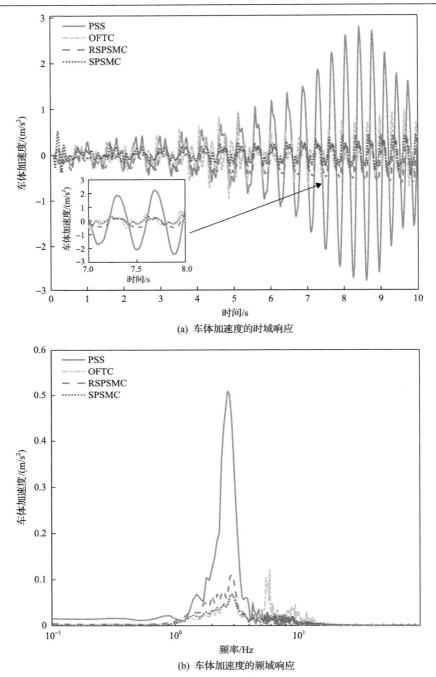

(a) 车体加速度的时域响应

(b) 车体加速度的频域响应

图 6.5　车体加速度实验结果

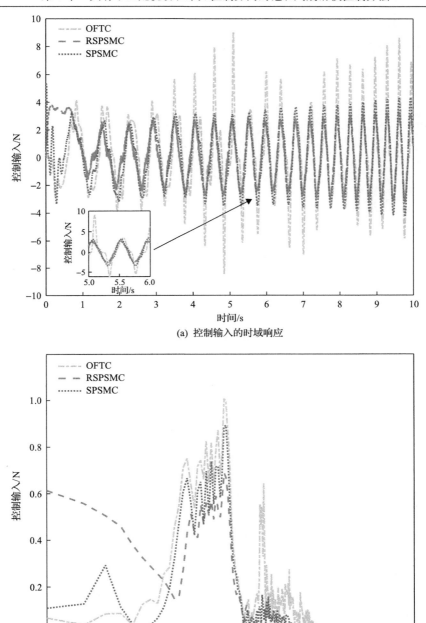

(a) 控制输入的时域响应

(b) 控制输入的频域响应

图 6.6　控制输入实验结果

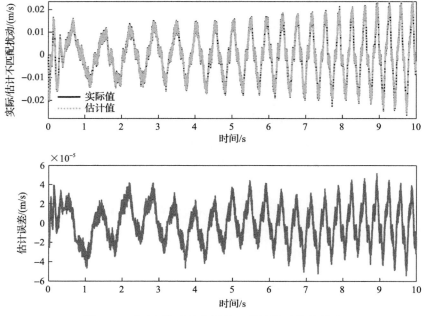

图 6.7　不匹配扰动的实际值、估计值及估计误差

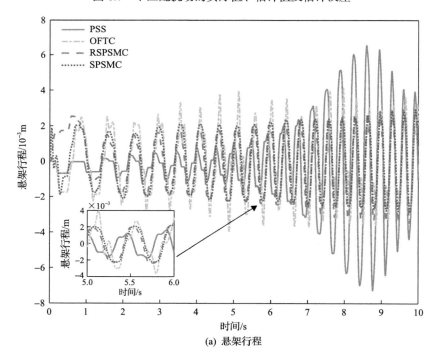

(a) 悬架行程

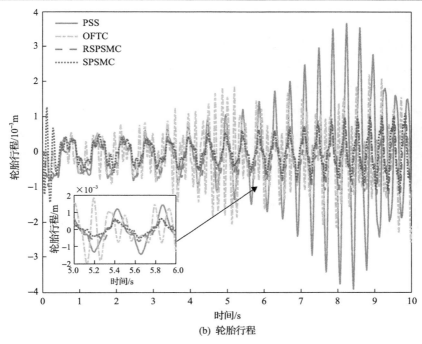

(b) 轮胎行程

图 6.8 悬架行程和轮胎行程实验结果

表 6.2 竖直位移、车体加速度、能耗的均方根

悬架系统	竖直位移的均方根/m	车体加速度的均方根/(m/s^2)	能耗的均方根/W
PSS	0.0034	0.9340	——
OFTC	0.0006 ($\downarrow$82.35%)	0.2519 ($\downarrow$73.03%)	0.0933
RSPSMC	0.0013 ($\downarrow$61.76%)	0.2556 ($\downarrow$72.63%)	0.0303 ($\downarrow$67.52%)
SPSMC	0.0007 ($\downarrow$79.41%)	0.1615 ($\downarrow$82.71%)	0.0360 ($\downarrow$61.41%)

域响应。由图 6.4 和表 6.2 可知，SPSMC 的竖直位移的均方根值（0.0007m）比 RSPSMC（0.0013m）小得多。这表明所设计的终端滑模扰动观测器精确估计了不匹配扰动，并进行了很好的补偿，这也可从图 6.7 得出，因此 SPSMC 比 RSPSMC 方法有更优异的控制性能。

众所周知，车体加速度与驾乘舒适性息息相关。因此，选择车体加速度作为评估驾乘舒适性的指标。图 6.5 给出了车体加速度的时间响应以及频域响应。由图 6.5 以及表 6.2 可明显看出，与 PSS 相比，OFTC 方法以及 RSPSMC

方法的车体加速度的均方根分别下降了 73.03%、72.63%，而 SPSMC 方法下降了 82.71%。这些结果说明了 SPSMC 方法通过处理不匹配扰动很好地提升了驾乘舒适性。

图 6.6 所示为控制输入的时间响应图以及频域响应图。很明显地，RSPSMC 方法以及 SPSMC 方法的控制输入的幅值比 OFTC 方法小得多。从表 6.2 可以清晰地看出，RSPSMC 和 SPSMC 方法能耗较少。更精确地说，与 OFTC 方法相比，RSPSMC 方法以及 SPSMC 方法的能耗均方根值分别降低了 67.52% 和 61.41%。

由 6.8 可知，这四种悬架系统的悬架行程和轮胎行程均被保持在允许的范围内。这些结果均表明，本章所提控制方法能保证驾驶员和乘员的安全。

第7章 结 论

随着汽车的普及和自动化技术的高速发展,汽车悬架系统的高性能主动控制问题引起了工业界和学术界的广泛关注。悬架系统自身所具有的非线性,加之易受到各种不确定因素及外界干扰影响的事实,给其高性能的隔振控制带来了巨大的挑战。近几十年来,针对该问题的研究已经涌现出了大量的文献。现有的控制方法易受到不确定模型参数的影响,且控制方法需要满足一些额外的条件,限制了其实际应用。另外,对于实际悬架系统,执行器可能存在时滞、饱和等的约束,给控制方法设计带来了巨大的挑战。除此之外,在复杂的工作环境中,悬架系统易受到系统参数不确定性及外界扰动的影响,为悬架系统的控制器设计带来了更大的难度。本书提出了利用非线性控制的观念来探索具有扰动和不确定性的汽车主动式悬架系统的性能提升潜力。本书所提出的控制概念通过控制悬架系统的动态行为并影响车辆的行驶状态,进而提升了现代汽车主动式悬架系统的灵活性。因此,可以在不超过悬架行程限制的情况下实现驾乘舒适性和驾驶安全性方面的性能的显著提升。具体来说,本书的主要研究内容包含以下几个方面。

(1)为了研究主动式悬架系统中的能量消耗问题,提出了基于仿生动态的自适应神经网络跟踪控制观念。这种算法主要是受到生物系统肢体运动动力学的启发,可以充分利用悬架系统中有利的非线性刚度和阻尼特性。利用这种控制方法,控制主动式悬架系统的簧上质量效仿仿生动态结构振动隔离行为。理论结果表明,含有控制输入不理想、参数不确定性的闭环自适应神经网络跟踪控制系统是稳定的。所提出的方法应用于四分之一主动式悬架系统中,它包括了非线性弹簧、非线性阻尼器和用于实现主动式悬架的线性电机,用来说明所提出的方法的有效性。结果表明,新的仿生控制方法与传统的自适应神经网络跟踪控制方法相比实现了更好的性能提升,并且需要较低的能量。

(2)充分考虑执行器饱和问题,并在具有模型不确定性和有界外部扰动的主动式悬架系统中给出了特别的考虑。提出了一种通过调节控制增益的大小就可保证系统的控制输入始终在允许范围内的饱和 PD-SMC 鲁棒控制的新的设计方法。理论分析结果表明，将 PD 控制器和 SMC 鲁棒控制律相结合可以有效地消除非线性系统中的扰动的影响并且实现了对系统输入的更好的约束。将所提出的方法应用于本书所研究的四分之一主动悬架系统中，用来说明所提出的方法的可适用性和有效性。实验结果表明了所提出的方法优于常规的鲁棒控制方法。

(3)提出了主动式悬架系统的扰动特性分析方法。该扰动特性分析方法不仅能够分析系统耦合特性，与稳态特性和动态特性紧密相关，而且可以应用到控制系统设计中，是一种进行扰动分析的新思路。

(4)提出了状态耦合、扰动特性下的主动式悬架系统节能鲁棒控制。结合扰动观测器，提出一种状态耦合、扰动特性下的鲁棒耦合控制方法；结合二阶滑模控制，设计了考虑状态耦合、扰动特性的有限时间鲁棒跟踪控制器，提升了系统的动态特性。该鲁棒控制方法不仅保证了系统鲁棒性，而且考虑状态耦合、扰动特性实现更好的动态、稳态性能。

(5)考虑到控制系统的可靠运行能力，本书还讨论了主动式悬架系统在不匹配扰动和未知控制方向下的控制问题。在滑模扰动估计的基础上，采用二阶滑模控制对系统进行控制，并进行了严格的理论分析。采用仿真以及四分之一主动式悬架实验平台验证了所提控制方法的有效性。

由上可见，本书从理论和实际应用两个方面对主动式悬架系统中的不确定性、扰动信号以及执行非线性问题进行了严格的分析和验证。结果表明，主动式悬架系统的性能可以通过所提出的非线性悬架控制方法来得到显著的改善，它们提供了众多优于被动式悬架系统的优点。本书的创新点总结如下。

(1)考虑主动式悬架系统中的能耗问题，提出了仿生节能非线性控制方法，利用悬架系统中有益的非线性特性实现在较少能量消耗下的性能提升。

(2)提出一种基于状态耦合特性分析的耦合控制方法。该方法基于状态耦合特性量，将状态耦合特性考虑进系统控制器设计，根据状态耦合的变化进行控制切换。在保证系统闭环稳定性的前提下，从理论上保证系统的动态性能提升。

(3)面向主动式悬架系统的时滞、饱和非线性控制输入、未知内外部扰动等问题，提出自适应神经网络跟踪控制方法，解决了非线性执行器以及扰动导致的悬架系统控制性能下降问题。

(4)针对主动式悬架系统控制方向未知难题，设计了一种周期滑模控制方法，可以确保不同控制方向条件下的悬架系统的可靠运行。

综上，本书详细地针对汽车主动式悬架系统进行了非线性节能鲁棒跟踪控制算法设计，并取得一些初步的研究进展，但主动式悬架系统的设计是一个热点和难点的课题，其间仍有很多有待解决的问题值得进一步研究。在本书工作的基础之上，作者认为有待在如下几方面开展进一步的深入探讨和评估本书中提到的概念，并提高非线性主动式悬架系统的性能。

(1)全车悬架动态：在本书中，控制目标和非线性控制策略是在一个四分之一车框架中提出的，它们应该推广到半车或者全车系统中。这样，就可以分析汽车系统中额外的状态对系统动态性能的影响，例如，由汽车的俯仰和侧倾运动引起的汽车底盘加速度和车轮负载的偏差，以及考虑非线性的控制观念进一步适当地扩展到更多自由度动态控制之中。

(2)执行机构动态：从实际控制工程角度出发，执行机构动态特性研究是十分重要的。本书只研究执行器非线性的初步结果，对于具有执行器动态特性的主动式悬架系统仍需要深入研究。但该问题的解决并不容易，因为执行机构的动态特性会与被控对象的状态发生耦合，并且具有强非线性的特点。将现有研究结果融合到此类问题中，具有很重要的意义。

(3)能效优化平衡：注意到本书提供的结果可能是第一次主动利用悬架系统中的有利的非线性因素，以消耗较少的能量并且改善汽车悬架性能。进一步的研究重点将考虑更为系统化的和通用的设计，根据仿生方法来实现隔离性能和能量消耗之间更好的平衡。为了充分利用汽车悬架系统中的有益和固有的非线性，还将用频域方法进行参数优化和分析。

(4)系统状态估计：汽车悬架的状态测量系统通过测量所有的系统状态，有时会引入较高的成本和额外的复杂性。因此，基于可测量的系统状态，悬架系统的一些状态估计算法应该进一步探索。如果不是所有的系统状态变量都可以实时测量，那么可以通过估计的状态进行相应的控制方法设计。这意味着与全状态信息相比，状态估计策略需要更少的传感器，降低了系统的成本。

(5)真实路谱仿真：在本书中，悬架控制系统的性能验证使用了一些平稳的路谱作为激励输入。而实际的路面可能是平稳的，也可能是非平稳的，甚至还会出现一些极限工况的条件。在这些路谱的情况下，验证悬架系统的性能是十分必要的。因此，下一步的工作中，为了对悬架系统进行更接近实际的仿真验证，多种真实激励路谱的重现是要着手处理的一个问题。

(6)实物平台验证：本书所提到的主动式悬架的控制概念主要是由实验室规模的实验装置来验证的，这与实际车辆系统相比仍然有一定的差异。因此，主动式悬架系统的现实汽车实验测试平台的设计，可以用来研究悬架的非线性动态行为和实验验证非线性主动式悬架的控制器的性能。非线性控制器设计方法和稳定性分析问题可以得到检验，然后由该系统进行进一步的验证。

参 考 文 献

[1] 殷珺, 罗建南, 喻凡. 汽车电磁式主动悬架技术综述. 机械设计与研究, 2020, 36(1): 161-168.

[2] Thompson A G. An active suspension with optimal linear state feedback. Taylor & Francis Group, 2007, 5(4): 187-203.

[3] 王雅璇, 罗建南, 罗小桃, 等. 基于改进人工蜂群算法的主动悬架 LQR 控制器设计. 噪声与振动控制, 2021, 41(3): 61-66.

[4] 金耀, 于德介, 陈中祥, 等. 内分泌 LQR 控制策略及其主动悬架减振研究. 振动与冲击, 2016, 35(10): 49-54.

[5] 曾嘉辉. 基于 MPGA-ADRC 的三轴车辆主动悬挂控制研究. 长春: 吉林大学, 2019.

[6] 杨国, 黄俊明, 杨蓉. 考虑轮胎包容特性的预瞄主动悬架滑模自抗扰控制. 中国科技论文, 2021, 16(10): 1087-1097.

[7] 庄德军, 喻凡, 林逸. 汽车主动悬架多点预瞄控制算法设计. 中国机械工程, 2006, 17(12): 1316-1319.

[8] Sun M Y, Liao F C, Deng J M. Design of an optimal preview controller for linear discrete-time periodic systems. Transactions of the Institute of Measurement and Control, 2021, 43(12): 2637-2646.

[9] Marzbanrad J, Ahmadi G, Zohoor H, et al. Stochastic optimal preview control of a vehicle suspension. Journal of Sound and Vibration, 2004, 275(3-5): 973-990.

[10] Marzbanrad J, Ahmadi G, Hojjat Y, et al. Optimal active control of vehicle suspension system including time delay and preview for rough roads. Journal of Vibration and Control, 2002, 8(7): 967-991.

[11] Chen H, Guo K H. Constrained H_∞ control of active suspensions: An LMI approach. IEEE Transactions on Control Systems Technology, 2005, 13(3): 412-421.

[12] 李克强, 董珂, 永井正夫. 多自由度车辆模型主动悬架及鲁棒控制. 汽车工程, 2003, 25(1): 7-11.

[13] Li P S, Lam J, Cheung K C. Multi-objective control for active vehicle suspension with wheelbase preview. Journal of Sound and Vibration, 2014, 333(21): 5269-5282.

[14] Fu Z J, Dong X Y. H infinity optimal control of vehicle active suspension systems in two time scales. Automatica, 2021, 62(2): 284-292.

[15] Chen S A, Jiang X D, Yao M, et al. A dual vibration reduction structure-based self-powered active suspension system with PMSM-ball screw actuator via an improved H-2/H-infinity control. Energy, 2020, 201: 117590.

[16] 段建民, 黄小龙, 陈阳舟. 具有输入时滞的主动悬架鲁棒补偿控制. 振动与冲击, 2020, 39(24): 254-263, 277.

[17] Yu F, Crolla D A. An optimal self-tuning controller for an active suspension. Vehicle System Dynamics, 1998, 29(1): 51-65.

[18] Muhammed A, Gavrilov I A. Managing the handling-comfort contradiction of a quarter-car

system using Kalman filter. Transactions of the Institute of Measurement and Control, 2021, 43(10): 2292-2306.

[19] Sunwoo M, Cheok K C. Model reference adaptive control for vehicle active suspension systems. IEEE Transactions on Industrial Electronics, 1991, 38(3): 217-222.

[20] Cui L F, Xue X Y, Le F X. Adaptive robust precision control of an active spray boom suspension with disturbance estimation. Journal of Vibration and Control, 2023, 29(3-4): 925-941.

[21] Liu Z T, Pan H H. Barrier function-based adaptive sliding mode control for application to vehicle suspensions. IEEE Transactions on Transportation Electrification, 2021, 7(3): 2023-2033.

[22] Deshpande V S, Shendge P D, Phadke S B. Nonlinear control for dual objective active suspension systems. IEEE Transactions on Intelligent Transportation Systems, 2017, 18(3): 656-665.

[23] Hua C C, Chen J N, Li Y F, et al. Adaptive prescribed performance control of half-car active suspension system with unknown dead-zone input. Mechanical Systems and Signal Processing, 2018, 111: 135-148.

[24] Zheng X Y, Zhang H, Yan H C, et al. Active full-vehicle suspension control via cloud-aided adaptive backstepping approach. IEEE Transactions on Cybernetics, 2020, 50(7): 3113-3124.

[25] Lin J S, Huang C J. Nonlinear backstepping active suspension design applied to a half-car model. Vehicle System Dynamics, 2004, 42(6): 373-393.

[26] Pang H, Zhang X, Xu Z R. Adaptive backstepping-based tracking control design for nonlinear active suspension system with parameter uncertainties and safety constraints. ISA Transactions, 2019, 88: 23-36.

[27] Sun W C, Pan H H, Zhang Y F, et al. Multi-objective control for uncertain nonlinear active suspension systems. Mechatronics, 2014, 24(4): 318-327.

[28] Chen P C, Huang A C. Adaptive sliding control of non-autonomous active suspension systems with time-varying loadings. Journal of Sound and Vibration, 2005, 282(3-5): 1119-1135.

[29] Li G, Ruan Z Y, Gu R H, et al. Fuzzy sliding mode control of vehicle magnetorheological semi-active air suspension. Applied Sciences-Basel, 2021, 11(22): 10925.

[30] Nguyen T A. A novel approach with a fuzzy sliding mode proportional integral control algorithm tuned by fuzzy method(FSMPIF). Scientific Reports, 2023, 13(1): 7327.

[31] Wang G, Chadli M, Basin M V. Practical terminal sliding mode control of nonlinear uncertain active suspension systems with adaptive disturbance observer. IEEE/ASME Transactions Mechatronics, 2021, 26(2): 789-797.

[32] Deshpande V S, Shendge P D, Phadke S B. Dual objective active suspension system based on a novel nonlinear disturbance compensator. Vehicle System Dynamics, 2016, 54(9): 1269-1290.

[33] Nguyen S D, Ho H V, Nguyen T T, et al. Novel fuzzy sliding controller for MRD suspensions subjected to uncertainty and disturbance. Engineering Applications of Artificial Intelligence, 2017, 61: 65-76.

[34] Pan H H, Sun W C, Gao H J. Finite-time stabilization for vehicle active suspension systems with hard constraints. IEEE Transactions on Intelligent Transportation Systems, 2015, 16(5): 2663-2672.

[35] 韩京清. 自抗扰控制技术——估计补偿不确定因素的控制技术. 北京: 国防工业出版社, 2008.

[36] 杜苗苗. 多轴应急救援车辆主动悬架系统的控制策略研究. 长春: 吉林大学, 2021.

[37] 黄俊明, 杨国, 杨蓉. 轮胎包容特性滤波下的主动悬架预瞄自抗扰控制研究. 重庆理工大学学报, 2022, 36(1): 39-50.

[38] Pan H H, Sun W C, Gao H J, et al. Nonlinear tracking control based on extended state observer for vehicle active suspensions with performance constraints. Mechatronics, 2015, 30: 363-370.

[39] Guo B Z, Zhao Z L. On the convergence of extended state observer for nonlinear systems with uncertainty. Systems and Control Letters, 2011, 60(6): 420-430.

[40] Guo B Z, Zhao Z L. On convergence of non-linear extended state observer for multi-input multi-output systems with uncertainty. IET Control Theory and Applications, 2012, 6(15): 2375-2386.

[41] Zhao Z L, Jiang Z P. Semi-global finite-time output-feedback stabilization with an application to robotics. IEEE Transactions on Industrial Electronics, 2019, 66(4): 3148-3156.

[42] Zhao Z L, Guo B Z, Jiang Z P. A new extended state observer for output tracking of nonlinear MIMO systems. IEEE 56th Annual Conference on Decision and Control, Melbourne, 2017: 6732-6737.

[43] Zhao Z L, Guo B Z. A novel extended state observer for output tracking of MIMO systems with mismatched uncertainty. IEEE Transactions on Automatic Control, 2018, 63(1): 211-218.

[44] 王凯. 基于自适应遗传算法的整车主动悬架自抗扰控制研究. 长春:吉林大学, 2017.

[45] 董绪斌. 基于电液伺服主动悬架的车身位姿稳定性控制研究. 长春:吉林大学, 2017.

[46] 李亦超. 汽车主动悬架系统的抗干扰控制方法研究. 北京:北京化工大学, 2017.

[47] Lu Y Q, Wang H P, Tian Y. Active disturbance rejection control for active suspension system of nonlinear full car. Proceeding of 2018 IEEE 7th Data Driven Control and Learning System Conference, Enshi, 2018: 724-729.

[48] Yagiz N, Sakman L. Robust sliding mode control of a full vehicle without suspension gap loss. Modal Analysis, 2005, 11(11): 1357-1374.

[49] Yu J Z, Ding R, Yang Q H, et al. On a bio-inspired amphibious robot capable of multimodal motion. IEEE/ASME Transactions on Mechatronics, 2012, 17(5): 847-856.

[50] Castillo O, Marroquin R, Melin P, et al. Comparative study of bio-inspired algorithms applied to the optimization of type-1 and type-2 fuzzy controllers for an autonomous mobile robot. Information Science, 2012, 192: 19-38.

[51] Wang Y, Li F M, Wang Y Z. Homoclinic behaviors and chaotic motions of double layered viscoelastic nanoplates based on nonlocal theory and extended Melnikov method. Chaos, 2015, 25(6): 63-108.

[52] Sun X T, Jing X J. A nonlinear vibration isolator achieving high-static- low-dynamic stiffness and tunable anti-resonance frequency band. Mechanical Systems and Signal Processing, 2016, 80: 166-188.

[53] Li Z C, Jing X J, Sun B, et al. Autonomous navigation of a tracked mobile robot with novel passive bio-inspired suspension. IEEE/ASME Transactions on Mechatronics, 2020, 25(6): 2633-2644.

[54] Pan H H, Jing X J, Sun W C, et al. A bio-inspired dynamics-based adaptive tracking control for nonlinear suspension systems. IEEE Transactions on Control Systems Technology, 2018, 26(3): 903-914.

[55] Li J Y, Jing X J, Li Z C, et al. Fuzzy adaptive control for nonlinear suspension systems based on a bio-inspired reference model with deliberately designed nonlinear damping. IEEE Transactions on Industrial Electronics, 2018, 66(11): 8713-8723.

[56] Zhang M H, Jing X J. A bioinspired dynamics-based adaptive fuzzy SMC method for half-car active suspension systems with input dead zones and saturations. IEEE Transactions on Cybernetics, 2021, 51(4): 1743-1755.

[57] Zhang M H, Jing X J. Energy-saving robust saturated control for active suspension systems via employing beneficial nonlinearity and disturbance. IEEE Transactions on Cybernetics, 2022, 52(10): 10089-10100.

[58] Zhang M H, Jing X J, Wang G. Bioinspired nonlinear dynamics-based adaptive neural network control for vehicle suspension systems with uncertain/unknown dynamics and input delay. IEEE Transactions on Industrial Electronics, 2021, 68(12): 12646-12656.

[59] Zhang M H, Jing X J, Zhang L Y, et al. Toward a finite-time energy-saving robust control method for active suspension systems: Exploiting beneficial state-coupling, disturbance, and nonlinearities. IEEE Transactions on Systems, Man, Cybernetics: Systems, 2023, 53(9): 5885-5896.

[60] Zhang M H, Jing X J. Switching logic-based saturated tracking control for active suspension systems based on disturbance observer and bioinspired X-dynamics. Mechanical Systems and Signal Processing, 2021, 155:107611.

[61] Zhang M H, Jing X J, Huang W J, et al. Saturated PD-SMC method for suspension systems by exploiting beneficial nonlinearities for improved vibration reduction and energy-saving performance. Mechanical Systems and Signal Processing, 2022, 179: 109376.

[62] Yagiz N, Hacioglu Y. Backstepping control of a vehicle with active suspensions. Control Engineering Practice, 2008, 16(12): 1457-1467.

[63] Fu M Y, Wang D S, Wang C L. Formation control for water-jet USV based on bioinspired method. China Ocean Engineering, 2018, 32: 117-122.

[64] Jing X J. Nonlinear characteristic output spectrum for nonlinear analysis and design. IEEE/ASME Transactions on Mechatronics, 2014, 19(1): 171-183.

[65] Wu Z J, Jing X J, Bian J, et al. Vibration isolation by exploring bioinspired structural nonlinearity. Bioinspiration and Biomimetics, 2015, 10(5): 056015.

[66] Sitti M, Menciassi A, Ijspeert A J, et al. Survey and introduction to the focused section on bio-inspired mechatronics. IEEE/ASME Transactions on Mechatronics, 2013, 18(2): 409-418.

[67] Wang Y, Jing X J. Nonlinear stiffness and dynamical response characteristics of an asymmetric X-shaped structure. Mechanical Systems and Signal Processing, 2019, 125(15): 142-169.

[68] Na J, Huang Y B, Wu X, et al. Adaptive finite-time fuzzy control of nonlinear active suspension systems with input delay. IEEE Transactions on Cybernetics, 2020, 50(6): 2639-2650.

[69] Sun W C, Zhao Z L, Gao H J. Saturated adaptive robust control for active suspension systems. IEEE Transactions on Industrial Electronics, 2013, 60(9): 3889-3896.

[70] Yang T, Sun N, Chen H, et al. Neural network-based adaptive antiswing control of an underactuated ship-mounted crane with roll motions and input dead zones. IEEE Transactions on Neural Networks and Learning Systems, 2020, 31(3): 901-914.

[71] Khalil H K, Nonlinear Systems. 3rd ed. Upper Saddle River: Prentice-Hall, 2002.

[72] Pan H H, Sun W C. Nonlinear output feedback finite-time control for vehicle active suspension systems. IEEE Transactions on Industrial Informatics, 2019, 15(4): 2073-2082.

[73] Li H Y, Jing X J, Karimi H R. Output-feedback-based H_∞ control for vehicle suspension systems with control delay. IEEE Transactions on Industrial Electronics, 2013, 61(1): 436-446.

[74] Kumar V, Rana K P S, Kumar J, et al. Self-tuned robust fractional order fuzzy PD controller for uncertain and nonlinear active suspension system. Neural Computing and Applications, 2018, 30(6): 1827-1843.

[75] Haddar M, Chaari R, Baslamisli S C, et al. Intelligent PD controller design for active suspension system based on robust model-free control strategy. Proceedings of the Institution of Mechanical Engineers Part C: Journal of Mechanical Engineering Science, 2019, 233(14): 4863-4880.

[76] Su Y X, Zheng C H. Single saturated PD control for asymptotic attitude stabilization of spacecraft. IET Control Theory and Applications, 2020, 14(19): 3338-3343.

[77] Zhang Y Y, Kim D G, Zhao Y D, et al. PD control of a manipulator with gravity and inertia compensation using an RBF neural network. International Journal of Control, Automation and Systems, 2020, 18(12): 3083-3092.

[78] Ouyang P R, Acob J, Pano V. PD with sliding mode control for trajectory tracking of robotic system. Robotics and Computer-Integrated Manufacturing, 2014, 30: 189-200.

[79] Yue W H, Pano V, Ouyang P R, et al. Model-independent position domain sliding mode control for contour tracking of robotic manipulator. International Journal of System Science, 2016, 48(1): 190-199.

[80] Teng L, Gull M A, Bai S P. PD-based fuzzy sliding mode control of a wheelchair exoskeleton robot. IEEE/ASME Transactions on Mechatronics, 2020, 25(5): 2546-2555.

[81] Kolathaya S. Local stability of PD controlled bipedal walking robots. Automatica, 2020, 114: 108841.

[82] Zheng C H, Su Y X, Mercorelli P. A simple nonlinear PD control for faster and high-precision positioning of servomechanisms with actuator saturation. Mechanical Systems and Signal Processing, 2019, 121: 215-226.

[83] Wang Q, Wang Z H. Optimal feedback gains of a delayed proportional-derivative(PD) control for balancing an inverted pendulum. ACTA Mechanica Sinica, 2017, 33(3): 635-645.

[84] Su Y C, Zheng C H, Mercorelli P. Nonlinear PD fault-tolerant control for dynamic positioning of ships with actuator constraints. IEEE/ASME Transactions on Mechatronics, 2017, 22(3): 1132-1142.

[85] Fang Y C, Dixon W, Dawson D, et al. Nonlinear coupling control laws for an underatuated overhead crane system. IEEE/ASME Transactions on Mechatronics, 2008, 130(3): 1-7.

[86] Deshpande V S, Mohan B, Shendge P D, et al. Disturbance observer based sliding mode control of active suspension systems. Journal of Sound and Vibration, 2014, 333: 2281-2296.

[87] Ren H B, Chen S Z, Zhao Y Z, et al. State observer-based sliding mode control for semi-active

hydro-pneumatic suspension. Vehicle Systems Dynamics, 2016, 54(2): 168-190.

[88] Chen H, Liu Y J, Liu L, et al. Anti-saturation-based adaptive sliding-mode control for active suspension systems with time-varying vertical displacement and speed constraints. IEEE Transactions on Cybernetics, 2022, 52(7): 6244-6254.

[89] Song D F, Yang D P, Zeng X H, et al. Adaptive robust finite-time control for active suspension systems via disturbance observation. Proceedings of the Institution of Mechanical Engineers Part D: Journal of Automobile Engineering, 2023, 237(8): 2049-2061.

[90] Rajendiran S, Lakshmi P. Performance analysis of fractional order terminal SMC for the half car model with random road input. Journal of Vibration Engineering and Technologies, 2020, 8(4): 587-597.

[91] Golouje Y N, Abtahi S M. Chaotic dynamics of the vertical model in vehicles and chaos control of active suspension system via the fuzzy fast terminal sliding mode control. Journal of Mechanical Science and Technology, 2021, 35(1): 31-43.

[92] Nguyen S D, Lam B D, Choi S B. Smart dampers-based vibration control-part 2: Fractional-order sliding control for vehicle suspension system. Mechanical Systems and Signal Processing, 2021, 148: 107145.

[93] Zhang Z, Shi Y, Zhang Z X, et al. New results on sliding-mode control for takagi-sugeno fuzzy multiagent systems. IEEE Transactions on Cybernetics, 2019, 49(5): 1592-1604.

[94] Nguyen S D, Choi S B, Nguyen Q H. A new fuzzy-disturbance observer-enhanced sliding controller for vibration control of a train-car suspension with magneto-rheological dampers. Mechanical Systems and Signal Processing, 2018, 105: 447-466.

[95] Wen S P, Chen M Z Q, Zeng Z G, et al. Fuzzy control for uncertain vehicle active suspension systems via dynamic sliding-mode approach. IEEE Transactions on Systems, Man, and Cybernetics: Systems, 2017, 47(1): 24-32.

[96] Song J, Niu Y G, Zou Y Y. A parameter-dependent sliding mode approach for finite-time bounded control of uncertain stochastic systems with randomly varying actuator faults and its application to parallel active suspension system. IEEE Transactions on Industrial Electronics, 2018, 65(10): 8124-8132.

[97] Yagiz N, Hacioglu Y, Taskin Y. Fuzzy sliding-mode control of active suspensions. IEEE Transactions on Industrial Electronics, 2008, 55(11): 3883-3890.

[98] Hu X Y, Wen G L, Yin S, et al. Approximation-free control based on the bioinspired reference model for suspension systems with uncertainty and unknown nonlinearity. Nonlinear Dynamics, 2023, 111(4): 3149-3171.

[99] Sun N, Fang Y C, Chen H. Tracking control for magnetic-suspension systems with online unknown mass identification. Control Engineering Practice, 2017, 58: 242-253.

[100] Guo Z Y, Guo J G, Zhou J, et al. Robust tracking for hypersonic reentry vehicles via disturbance estimation-triggered control. IEEE Transactions on Aerospace and Electronic Systems, 2020, 56(2): 1279-1289.

[101] Guo Z Y, Guo J G, Chang J, et al. Coupling effect-triggered control strategy for hypersonic flight vehicles with finite-time convergence. Nonlinear Dynamics, 2019, 95(2): 1009-1025.

[102] Rath J J, Defoort M, Karimi H R, et al. Output feedback active suspension control with higher

order terminal sliding mode. IEEE Transactions on Industrial Electronics, 2017, 64(2): 1392-1403.

[103] Rath J J, Defoort M, Sentouh C, et al. Output constrained robust sliding mode based nonlinear active suspension control. IEEE Transactions on Industrial Electronics, 2020, 67(12): 10652-10662.

[104] Ginoya D, Shendge P D, Phadke S B. Sliding mode control for mismatched uncertain systems using an extended disturbance observer. IEEE Transactions on Industrial Electronics, 2014, 61(4): 1983-1992.

[105] Li Z J, Su C Y, Wang L Y, et al. Nonlinear disturbance observer-based control design for a robotic exoskeleton incorporating fuzzy approximation. IEEE Transactions on Industrial Electronics, 2015, 62(9): 5763-5775.

[106] Yan S, Sun W C, He F H, et al. Adaptive fault detection and isolation for active suspension systems with model uncertainties. IEEE Transactions on Reliability, 2019, 68(3): 927-937.

[107] Li P Y, Wu Y H, Sun X M, et al. Gain-scheduled control of linear differential inclusions subject to actuator saturation. IEEE Transactions on Industrial Electronics, 2019, 66(10): 8051-8059.

[108] Taghavifar H, Mardani A, Hu C, et al. Adaptive robust nonlinear active suspension control using an observer-based modified sliding mode interval type-2 fuzzy neural network. IEEE Transactions on Intelligent Vehicles, 2020, 5(1): 53-62.

[109] Guo Z Y, Zhou J, Guo J G, et al. Coupling-characterization-based robust attitude control scheme for hypersonic vehicles. IEEE Transactions on Industrial Electronics, 2017, 64(8): 6350-6361.

[110] Guo Z Y, Ma Q W, Guo J G, et al. Performance-involved coupling effect-triggered scheme for robust attitude control of HRV. IEEE/ASME Transactions on Mechatronics, 2020, 25(3): 1288-1298.

[111] Feng Y, Yu X H, Han F L. On nonsingular terminal sliding-mode control of nonlinear systems. Automatica, 2013, 49(6): 1715-1722.

[112] Ding S H, Par J H, Chen C C. Second-order sliding mode controller design with output constraint. Automatica, 2020, 112:108704.

[113] Ferrara A, Incremona G P. Predefined-time output stabilization with second order sliding mode generation. IEEE Transactions on Automatic Control, 2021, 66(3): 1445-1451.

[114] Kim W. A fuzzy disturbance observer and its application to control. IEEE Transactions on Fuzzy Systems, 2002, 10(1): 77-84.

[115] Guo Z Y, Guo J G, Zhou J, et al. Reentry attitude tracking via coupling effect-triggered control subjected to bounded uncertainties. International Journal of Systems Science, 2018, 49(12): 2571-2585.

[116] Su X F, Jia Y M. Self-scheduled robust decoupling control with H-infinity performance of hypersonic vehicles. Systems and Control Letters, 2014, 70: 38-48.

[117] Guo Z Y, Guo J G, Wang X M, et al. Sliding mode control for systems subjected to unmatched disturbances/unknown control direction and its application. International Journal of Robust and Nonlinear Control, 2021, 31(4): 1303-1323.

[118] Zhai D, An L W, Li X J, et al. Adaptive fault-tolerant control for nonlinear systems with

multiple sensor faults and unknown control directions. IEEE Transactions on Neural Networks and Learning Systems, 2018, 29(9): 4436-4446.

[119] Chen Z Y. Nussbaum functions in adaptive control with time-varying unknown control coefficients. Automatica, 2019, 102: 72-79.

[120] Li D P, Han H G, Qiao J F. Adaptive NN Controller of nonlinear state-dependent constrained systems with unknown control direction. IEEE Transactions on Neural Networks and Learning Systems, 2024, 35(1): 913-922.

[121] Liu Z C, Huang J S, Wen C Y, et al. Distributed control of nonlinear systems with unknown time-varying control coefficients: A novel nussbaum function approach. IEEE Transactions on Automatic Control, 2023, 68(7): 4191-4203.

[122] Ma H, Ren H R, Zhou Q, et al. Approximation-based nussbaum gain adaptive control of nonlinear systems with periodic disturbances. IEEE Transactions on Systems, Man, Cybernetics: Systems, 2022, 52(4): 2591-2600.

[123] Tran D T, Dao H V, Ahn K K. Adaptive synchronization sliding mode control for an uncertain dual-arm robot with unknown control direction. Applied Sciences-Basel, 2023, 13(13): 7423.

[124] Han S H, Tran M S, Tran D T. Adaptive sliding mode control for a robotic manipulator with unknown friction and unknown control direction. Applied Sciences, 2021, 11(9): 3919.

[125] Guo Z Y, Oliveira T R, Guo J G, et al. Performance-guaranteed adaptive asymptotic tracking for nonlinear systems with unknown sign-switching control direction. IEEE Transactions on Automatic Control, 2023, 68(2): 1077-1084.